発想から
英語モードへ
スイッチオン!

市橋 敬三 著

南雲堂

はしがき

 私が長年英会話学校で「いかにしたら英会話を効果的に上達させられるか」という問題に直面して得た結論は，まず英文法を知識としてではなく，自由自在に駆使できるようになることです。

秘訣は例文音読に尽きる

 たくさん例文を音読して，頭にインプットすることにより英語で考えられるようになるのです。ただ手当たり次第にするのではなく，英文法にそった例文をインプットするのが効果的です。
 英文をたくさん音読すると頭に英語の構造，発音が身に付き，見るもの聞くもの何でも英語で考えられるようになるのです。音読した文が増えるにつれて，今まで日本語で考え，それを英語に訳す作業が必要だった皆さんが，自分の言いたいことを知っている単語と文型で話せるようになるのです。

例文暗記不可欠を証明する具体例

 証明(1) 在日米人家庭で働いているメイドさんは英語が話せない

 私は以前通訳をしていた関係上，在日米人家庭に行く機会がよくありました。行くといつも，このことを英語でなんというのかとよく質問されたもので，その度に24時間英

語の世界にいるメイドさんたちの英語力の低さに驚き、更に勤務年数の長さに再三びっくりした経験があります。彼女たちのほとんどはその道で 10 年 15 年も働いていながら、英語力は極めて低かったからです。これは英語の基礎力なしに、ただ英語の世界に身を置いても進歩しないことを証明している例のひとつです。

証明(2) アメリカに 30 年住んでも上達しない

私はアメリカにいたとき、アメリカ人と結婚している日本人と話す機会に恵まれました。英語を上手に話す人も中にはいましたが、テレビ、新聞の英語が分からないのはもちろん、日常会話でさえ土台のないことをはっきり感じさせられたブロークンイングリッシュで下手な人が多いのに驚いたことも少なくありません。彼ら、彼女たちに聞いてみるとアメリカ人と結婚したとき英語の土台、すなわち話すための文法を勉強していなかったのです。ブロークンイングリッシュでも日常の会話で意志の疎通はできますが、30 年アメリカにいても、こんなにひどい英語なのかと、しみじみ基礎力の重要性を実感させられました。

証明(3) ボストン方式は進歩が速い

私は約 30 年前英会話学校を創立しました。英文法を知っているではなくて、自由自在に使いこなせるようにすることが不可欠であることが分かった私は書店へ行き、テキストを探してみたのですが見つからず、この種の本は現在もありません。ここに現在でも尚多くの英会話学生が、英会話を修得できないで投げ出してしまう理由があるのです。そこで自分で作ることに決めたのです。入門から中級の本を難易度を考えて書き上げ、ページの左側に日本語訳を書

かせ，その日本語訳を見たとたん，それに相当する英訳が出てくるまで各文を音読させました。その音読した例文を英米人講師と話すクラスと併用させるようにカリキュラムを組んでみたのです。学生自身，進歩を肌で感じられ，何よりも中途退学者がゼロになったことによく反映され，私の結論である文法の例文音読重視の正しさが証明され，非常に嬉しく，自信も得た経験でした。

　以後使っては改訂し，使っては改訂を続け，少しでも無駄のない効果的な進歩を追求して，この効果的な教授法により多数の英会話生を輩出してきております。この教授法を「ボストンアカデミー方式」と呼んで今日に至っております。

　使っているうちに，ひとつ大変嬉しいことに気がつきました。それは私が学生時代に例文を片っぱしから音読することにより英文法の全項目を使えるようにするために費やした時間よりも，私が作成した教材で勉強した学生諸君のほうが，ずっと短期間で無駄な骨折りをせずに文法の全項目を音読し，それらを英米人のクラスで使うことにより，自由自在に駆使できるようになったということです。そこでその効果的なボストンアカデミー方式を，ボストンへ通学することができない全国津々浦々の英会話生に広めることが私の使命のように思われ，ここにその入門編を出版することになった次第なのです。

　皆さんのご検討を祈ります。

　最後に，南雲堂の南雲一範社長に，一方ならぬご理解を賜り，感謝を申し上げたい。また青木泰祐編集部長には，編集面は勿論，その他いろいろとお世話になり，ここで心からお礼を申し上げたい。

2004年9月
市橋敬三

目　次

1. haveとhasの使い分け ………………………… 8
2. Be動詞の使い分け ……………………………… 14
3. ２種類ある現在形の疑問文の作り方 …………… 20
4. ２種類ある現在形の否定文の作り方 …………… 34
5. ３種類ある比較級の作り方 ……………………… 44
6. How...?の各種表現 ……………………………… 52
7. Be動詞の過去形 ………………………………… 60
8. 一般動詞の過去形 ………………………………… 64
9. ２種類ある過去の疑問文の作り方 ……………… 70
10. ２種類ある過去の否定文の作り方 ……………… 82
11. 現在進行形と過去進行形 ………………………… 90
12. 特定な人，ものが「います」「あります」と述べるときのBe動詞 …………………………………… 100
13. 代名詞と形容詞の働きをするTheseとThose ……………………………………………………… 110

14. 名詞のくり返しを避ける it と one ………… 114
15. be going to＋動詞の原形 ……………… 118
16. 未来を表すときに使う will ……………… 124
17. 役に立つ7つの助動詞の使い分け ………… 130

1. haveとhasの使い分け

> 私〔あなた，私たち〕は「…を持っています」
> と述べる　I[You, We] have...

① 私はノートパソコンを持っています。

② 私は手の平サイズパソコンを持っています。

③ あなたにはたくさん部下がいらっしゃるんですね。

④ あなたは広々とした事務所をお持ちなんですね。

⑤ 私たちはドイツ製の電子レンジを持っています。

⑥ 私たちはオープンカーを持っています。

⑦ 私たちは別荘を持っています。

ヒント

①ノートパソコン laptop　②手の平サイズパソコン Palm Pilot　③部下 employee　④広々とした roomy　⑤電子レンジ microwave　⑥オープンカー convertible

 Track 1

① I have a laptop.

② I have a Palm Pilot.

③ You have a lot of employees.

④ You have a roomy office.

⑤ We have a German microwave.

⑥ We have a convertible.

⑦ We have a vacation home.

ワンポイント情報

② I have a Ⓐ Palm Pilot.
　　　　　　Ⓑ Palm.
　　　　　　Ⓒ PDA.

Ⓐはよく使われている。Ⓑは非常によく使われている。
1番よく使われているのはⒸ。

(彼[彼女, リンダ]は「…を持っています[あります]」と述べる　He[she, Linda]has...)

① 彼は上品です。

② 彼の鼻はかっこいいです。

③ 彼女は服装の趣味がいいです。

④ 彼女はとても計画性があります。

⑤ 彼女は素敵なグリーンのオーバーを持っています。

⑥ リンダはすばらしいハンドバッグを持っています。

⑦ デイヴィッドは薄型テレビを持っています。

ヒント

①上品です **has style**　②かっこいい **nice**　③趣味がいい **good taste in**　④計画性がある **has a good plan for the future**　⑥すばらしい **terrific,** ハンドバッグ **purse**　⑦薄型テレビ **flat screen TV**

① He has style.

② He has a nice nose.

③ She has good taste in her dress.

④ She has a really good plan for the future.

⑤ She has a great green coat.

⑥ Linda has a terrific purse.

⑦ David has a flat screen TV.

ワンポイント情報

⑥ Linda has a terrific Ⓐ purse.
　　　　　　　　　　　Ⓑ handbag.

Ⓑは使われていない。Ⓐは非常によく使われている。辞典に purse=「財布」と出ているがアメリカでは「ハンドバッグ」のこと。財布は wallet と言う。

(2人[彼ら, デイヴィッドとスティーヴ]は「…を持っています」と述べる　They[David and Steve] have...)

①	2人はキャデラックとリンカーンを持っています。
②	2人は美しいお屋敷を持っています。
③	2人は高級車を持っています。
④	彼らはたくさん支持者を持っています。
⑤	デイヴィッドとスティーヴはたくさんお客様を持っています。
⑥	メアリーとリサはたくさん親友を持っています。
⑦	ビルとジムはたくさん部下を持っています。

ヒント

②お屋敷 mansion　③高級車 luxury car　④支持者 supporter　⑤お客様 customer　⑥親友 close friend　⑦部下 assistant

①	They have a Cadillac, and a Lincoln.
②	They have a beautiful mansion.
③	They have a luxury car.
④	They have a lot of supporters.
⑤	David and Steve have a lot of customers.
⑥	Mary and Lisa have a lot of close friends.
⑦	Bill and Jim have a lot of assistants.

ワンポイント情報

②日本語では「マンション」は「賃貸マンション」又は「分譲マンション」であるが英語では「お屋敷」で使われている。

③ They have a Ⓐ luxury [Ⓑ expensive, Ⓒ fancy] car.
ⒶⒷⒸいずれも非常によく使われている。詳細は「アメリカ英語ビジネス会話辞典」を参照されたい。

2. Be動詞の使い分け

> 「私［あなた］は…です」と述べる
> I'm..., You're

① 私は銀行員です。

② 私は弁護士です。

③ 私は公務員です。

④ あなたは仕事が速いです。

⑤ あなたは頭の回転がいいです。

⑥ あなたはお客様を接待するのが上手です。

⑦ あなたは話すのが上手です。

ヒント

②弁護士 lawyer ③公務員 civil servant ④仕事が速い fast worker ⑤頭の回転がいい fast thinker ⑦話すのが上手 good conversationalist

Track 4

①	**I'm a bank employee.**
②	**I'm a lawyer.**
③	**I'm a civil servant.**
④	**You're a fast worker.**
⑤	**You're a fast thinker.**
⑥	**You're a good host.**
⑦	**You're a good conversationalist.**

ワンポイント情報

④Ⓐ You're a fast worker.
　Ⓑ You work fast.
　ⒶⒷ共非常によく使われている。詳細は「アメリカ英語ビジネス会話辞典」を参照されたい。

> 「彼女［彼，トム］は…です」と述べる
> She's [He's, Tom's] ...

①	彼女はコンピューター通です。
②	彼女は薬剤師です。
③	彼は心を読むのがうまい。
④	彼は教え方が上手な先生です。
⑤	トムは交渉が上手です。
⑥	ビルはイケメンです。
⑦	リンダは聞き上手です。

ヒント

①コンピューター通 computer guru ②薬剤師 pharmacist ③心を読むのがうまい good-mind reader ⑤交渉が上手 good negotiator ⑥イケメン hunk ⑦聞き上手 good listener

 Track 5

①	She's a computer guru.
②	She's a pharmacist.
③	He's a good-mind reader.
④	He's a good teacher.
⑤	Tom's a good negotiator.
⑥	Bill's a hunk.
⑦	Linda's a good listener.

ワンポイント情報

④ He's a　Ⓐ good teacher.
　　　　　Ⓑ nice teacher.
　Ⓐは教え方が上手な先生, Ⓑはいい先生で人柄を述べている。

「私たち［彼女たち，ロンとマイク］は…です」
と述べる　We're [They're, Ron and Mike're] …

①	私たちは通訳です。
②	私たちは彼の部下です。
③	彼女たちは翻訳家です。
④	彼女たちは消防士です。
⑤	彼女たちはうちの常連客です。
⑥	ロンとマイクは仕事が遅いです。
⑦	リズとスィンディは有能な秘書です。

ヒント

①通訳 interpreter　②部下 subordinate　③翻訳家 translator　④消防士 fire fighter　⑤常連客 repeat customer　⑥仕事が遅い slow worker　⑦有能な competent

 Track 6

①	We're interpreters.
②	We're his subordinates.
③	They're translators.
④	They're fire fighters.
⑤	They're our repeat customers.
⑥	Ron and Mike're slow workers.
⑦	Liz and Cindy're competent secretaries.

ワンポイント情報

⑥Ⓐ Ron and Mike're slow workers.
　Ⓑ Ron and Mike work slow.
　ⒶⒷ共非常によく使われている。

3．2種類ある現在形の疑問文の作り方

> 「あなたは…ですか」と尋ねる
> Are you＋形容詞［名詞］…？

① あなたはコンピューターを少し使えるのですか。

② あなたはコンピューター通なんですか。

③ あなたは高所恐怖症なんですか。

④ あなたはテレビタレントですか。

⑤ あなたは派遣社員ですか。

⑥ あなたは正社員ですか。

⑦ あなたは在宅勤務ですか。

ヒント

①コンピューターを少し使える **be computer literate** ②コンピューター通 **computer savvy** ③高所恐怖症です **be afraid of heights** ④テレビタレント **TV personality** ⑤派遣社員 **temp** ⑥正社員 **full-time employee** ⑦在宅勤務 **telecommuter**

 Track 7

①	Are you computer literate?
②	Are you computer savvy?
③	Are you afraid of heights?
④	Are you a TV personality?
⑤	Are you a temp?
⑥	Are you a full-time employee?
⑦	Are you a telecommuter?

ワンポイント情報

④ Are you a　Ⓐ TV personality?
　　　　　　 Ⓑ TV talent?
Ⓑは使われていない。Ⓐは非常によく使われている。

> 「彼女［彼］は…なのですか」と尋ねる
> Is she [he] ＋名詞…?

① 彼女は仕事が速いですか。

② 彼女は頭の回転がいいですか。

③ 彼女は有能な秘書ですか。

④ 彼女はコンピューター通ですか。

⑤ 彼は社交的な人ですか。

⑥ 彼は高級官僚なのですか。

⑦ 彼は話好きの人ですか。

ヒント

①仕事が速い fast worker　②頭の回転がいい fast thinker　③有能な capable　④コンピューター通 computer expert　⑤社交的な人 sociable guy　⑥高級官僚 top-ranking government official　⑦話好きの人 good conversationalist

① Is she a fast worker?

② Is she a fast thinker?

③ Is she a capable secretary?

④ Is she a computer expert?

⑤ Is he a sociable guy?

⑥ Is he a top-ranking government official?

⑦ Is he a good conversationalist?

ワンポイント情報

②Ⓐ Is she a fast thinker?
　Ⓑ Does she think fast?
　ⒶⒷ共非常によく使われている。詳細は「アメリカ英語ビジネス会話辞典」を参照されたい。

「単数無生物主語が…なのですか」と尋ねる
Is＋主語＋形容詞？

①	あの時計は遅れているのですか。
②	あなたの時計は進んでいるのですか。
③	シアーズは今日開いているのですか。
④	コーヒーはあなたに熱すぎるのですか。
⑤	この生地は洗えるのですか。
⑥	この機械は使いやすいのですか。
⑦	彼の新しい店は忙しいのですか。

ヒント

①遅れている slow　②進んでいる fast　③シアーズ Sears（大衆デパート）　⑤洗える washable　⑥使いやすい user-friendly

① Is that clock slow?

② Is your watch fast?

③ Is Sears open today?

④ Is the coffee too hot for you?

⑤ Is this fabric washable?

⑥ Is this machine user-friendly?

⑦ Is his new store busy?

ワンポイント情報

⑦Ⓐ Is his new store busy [doing well] ?
　Ⓑ Does his new store have a lot of business?
　ⒶⒷ共非常によく使われている。

> 3人称主語(she, he)が一般動詞を従えるときの
> Does she [he]＋動詞...？

① 彼女は証券会社に勤めているのですか。

② 彼女は車で出勤しているのですか。

③ 彼女は地下鉄で出勤しているのですか。

④ 彼女は毎朝駅まで歩いて行くのですか。

⑤ 彼はあなたの下で働いているのですか。

⑥ 彼はデリカショップを経営しているのですか。

⑦ 彼はこの近くに住んでいるのですか。

⑧ 彼女はポルトガル語を上手に話すのですか。

ヒント

①証券会社 securities firm　②車で行く drive　③地下鉄で行く take the subway　⑥デリカショップ deli, 経営している own　⑧ポルトガル語 Portuguese, 上手に well

 Track 10

①	Does she work at a securities firm?
②	Does she drive to work?
③	Does she take the subway to work?
④	Does she walk to the station every morning?
⑤	Does he work for you?
⑥	Does he own a deli?
⑦	Does he live near here?
⑧	Does she speak Portuguese well?

ワンポイント情報

② Does she　Ⓐ drive to work?
　　　　　　Ⓑ take her car to work?
　　　　　　Ⓒ go to work by car?
Ⓒはよく使われている。ⒶⒷは非常によく使われている。
詳細は「アメリカ英語ビジネス会話辞典」を参照されたい。

> 3人称単数主語が一般動詞を従えるときの
> Does your father[Linda's daughter]＋一般動詞？

① ビルのお父さんはこのスーパーを経営しているのですか。

② あなたのお父さんは夜勤で働いているのですか。

③ あなたのお嬢さんはエステに行くのですか。

④ あなたのお母さんは大学で教えているのですか。

⑤ あなたのおじいちゃんはまだ車を運転するのですか。

⑥ リンダの娘さんは留学しているのですか。

⑦ メアリーの1番上のお姉さんは義理の両親と一緒に住んでいるのですか。

ヒント

①スーパー big grocery store, 経営する run ②夜勤で the night shift ③エステ spa ⑤おじいちゃん grandpa, まだ still ⑥留学している study overseas ⑦義理の両親 in-laws

 Track 11

① Does Bill's father run this big grocery store?

② Does your father work the night shift?

③ Does your daughter go to a spa?

④ Does your mother teach at a college?

⑤ Does your grandpa still drive?

⑥ Does Linda's daughter study overseas?

⑦ Does Mary's oldest sister live with her in-laws?

ワンポイント情報

① Does Bill's father run this ⒶBig grocery store [Ⓑsupermarket]?
Ⓑはときどき使われている。Ⓐは非常によく使われている。

⑦ Does Mary's oldest sister live with her Ⓐin-laws?
　　　　　　　　　　　　　　　　　　　Ⓑparents-in-law?
Ⓑは使われていない。Ⓐは非常によく使われている。

3人称複数主語の they が名詞を従えるときの Are they＋名詞？

① 彼らは経済記者ですか。

② 彼らはコンピューター通ですか。

③ 彼らはあなたの上司ですか。

④ 彼らはあなたの部下ですか。

⑤ 彼らはここの店員ですか。

⑥ 彼女たちはここの事務員ですか。

⑦ 彼女たちは犬のトリマーですか。

ヒント

①経済記者 financial reporter　②コンピューター通 computer pro　③上司 supervisor　④部下 employee　⑥事務員 secretary　⑦犬のトリマー dog groomer

 Track 12

①	Are they financial reporters?
②	Are they computer pros?
③	Are they your supervisors?
④	Are they your employees?
⑤	Are they salespeople here?
⑥	Are they secretaries here?
⑦	Are they dog groomers?

ワンポイント情報

① Are they　Ⓐ financial reporters?
　　　　　　Ⓑ reporters on the economy?
　　　　　　Ⓒ money reporters?

Ⓒはよく使われている。ⒶⒷは非常によく使われている。詳細は「アメリカ英語ビジネス会話辞典」を参照されたい。

(2人称[3人称複数]主語が一般動詞を従えるときの
Do you[they, Tom and Bill]＋一般動詞？)

① あなたは彼の部下なのですか（彼はあなたの上司なのですか）。

② あなたは彼の方針をいいと信じているのですか。

③ トムとビルはあなたの計画に反対するのですか。

④ リンダとメアリーはあなたの意見に同意しないのですか。

⑤ 彼らはあなたの考えを支持するのですか。

⑥ 彼らは高級住宅街に住んでいるのですか。

⑦ 彼らは体裁をつくろっているのですか。

ヒント

②いいと信じている believe in ③反対する oppose ⑤支持する approve of ⑥高級住宅街 upscale neighborhood ⑦体裁をつくろっている put up a front

 Track 13

① Do you work for him?

② Do you believe in his policy?

③ Do Tom and Bill oppose your plan?

④ Do Linda and Mary disagree with your opinion?

⑤ Do they approve of your idea?

⑥ Do they live in an upscale neighborhood?

⑦ Do they put up a front?

ワンポイント情報

⑤ Do they Ⓐ approve of your idea?
　　　　　 Ⓑ support your idea?
　　　　　 Ⓒ stand behind [by] your idea?

ⒶⒷⒸいずれも非常によく使われている。Ⓒが1番強く支持するニュアンスがあり，Ⓑ，Ⓐの順で弱くなる。

4．2種類ある現在形の否定文の作り方

> 「私［私たち，彼ら］は…ではない」
> と述べる　I［We, They］don't＋動詞

①	私はアルコールは飲みません。
②	私は車を運転しません。
③	私は彼らと付き合っていません。
④	私たちはこの会社と取引していません。
⑤	私たちは一緒に食事をしません。
⑥	彼らはあなたが言ったことを信じていません。
⑦	彼らは彼の人柄を信じていません。

ヒント

③と付き合う hang around with　④と取引をする do business with　⑥言ったことを信じている believe　⑦人柄を信じている believe in

① I don't drink.

② I don't drive.

③ I don't hang around with them.

④ We don't do business with this company.

⑤ We don't eat together.

⑥ They don't believe you.

⑦ They don't believe in him.

ワンポイント情報

④ We don't　Ⓐ do business with this company.
　　　　　　Ⓑ deal with this company.
Ⓑは非常によく使われている。Ⓐは1番よく使われている。

「彼女［彼，私の上司］は…ではない」
と述べる　She [He, My boss]＋doesn't＋動詞

① 彼女は私にあいさつをしません。

② 彼女は彼らを軽蔑しているんです。

③ 彼は私たちと付き合っていません。

④ 彼は上司とうまくいっていません。

⑤ 私の上司は私ににっこりしてくれません。

⑥ 夫は私の言うことを信用していません。

⑦ あなたの上司はあなたを好きではないんです。

ヒント

①あいさつをする greet　②軽蔑している doesn't think much of　③と付き合う hang out with　④とうまくいく get along with　⑥の言うことを信用する trust

Track 15

① She doesn't greet me.

② She doesn't think much of them.

③ He doesn't hang out with us.

④ He doesn't get along with his boss.

⑤ My boss doesn't smile at me.

⑥ My husband doesn't trust me.

⑦ Your boss doesn't like you.

ワンポイント情報

② She doesn't   Ⓐ think much of them.
       Ⓑ think highly of them.
       Ⓒ think a lot of them.

ⒷⒸはよく使われている。Ⓐは非常によく使われている。詳細は「アメリカ英語日常会話辞典」を参照されたい。

「私［あなた］は…でない」と述べる
I'm not [You aren't] ＋名詞［形容詞］

① 私は悲観的になっていません。

② 私は国家公務員ではありません。

③ 私は働き者ではありません。

④ あなたはけちではありません。

⑤ あなたは接待が上手ではありません。

⑥ あなたは料理が上手ではありません。

⑦ あなたは気前がよくありません。

ヒント

①悲観的になる be pessimistic　②国家公務員 Japanese Government employee　③働き者 hard worker　④けち cheap　⑤接待が上手 good host　⑦気前がいい generous

Track 16

① I'm not pessimistic.

② I'm not a Japanese Government employee.

③ I'm not a hard worker.

④ You aren't cheap.

⑤ You aren't a good host.

⑥ You aren't a good cook.

⑦ You aren't generous.

ワンポイント情報

③ I'm not a　Ⓐ hard worker.
　　　　　　　Ⓑ good worker.
ⒶⒷ共非常によく使われている。

> 「彼女［彼，ビル］は…ではない」
> と述べる　She［He, Bill］isn't＋形容詞［名詞］

①	彼女は上品ではありません。
②	彼女は魅力的ではありません。
③	彼女は私たちに親切ではありません。
④	スィンディはブスではありません。
⑤	彼は頭がよくないんです。
⑥	ビルは短気ではありません。
⑦	ジムは私たちに礼儀正しくないんです。

ヒント

①上品です **be stylish** ②魅力的です **be attractive** ④ブスです **be ugly** ⑤頭がいい **smart** ⑥短気な **short-tempered** ⑦礼儀正しい **polite**

Track 17

①	She isn't stylish.
②	She isn't attractive.
③	She isn't nice to us.
④	Cindy isn't ugly.
⑤	He isn't smart.
⑥	Bill isn't short-tempered.
⑦	Jim isn't polite to us.

ワンポイント情報

① She isn't　Ⓐ stylish.
　　　　　　Ⓑ sophisticated.

ⒶⒷ共非常によく使われている。詳細は「アメリカ英語日常会話辞典」を参照されたい。

「私たち［彼女たち］は…ではない」と述べる　We［They］aren't＋名詞

① 私たちはコンピューター通ではないんです。

② 私たちは正社員ではないんです。

③ 彼女たちは派遣社員ではないんです。

④ 彼女たちは頭の回転が速くないんです。

⑤ 彼女たちは働き者ではないんです。

⑥ 彼女たちは私の直属の上司ではないんです。

⑦ 彼女たちは車の運転がうまくないんです。

ヒント

①コンピューター通 computer expert　②正社員 full-time employee　③派遣社員 temp　④頭の回転が速い fast thinker　⑤働き者 hard worker　⑥直属の上司 immediate supervisor

Track 18

①	We aren't computer experts.
②	We aren't full-time employees.
③	They aren't temps.
④	They aren't fast thinkers.
⑤	They aren't hard workers.
⑥	They aren't my immediate supervisors.
⑦	They aren't good drivers.

ワンポイント情報

③ They aren't Ⓐ temps.
　　　　　　　Ⓑ employees from a temp agency.
ⒶⒷ共非常によく使われている。詳細は「アメリカ英語ビジネス会話辞典」を参照されたい。

5. 3種類ある比較級の作り方

(1音節の形容詞＋er than)

① お母さんはお父さんより5才年上です。

② ニューヨークはサンフランシスコより寒いんです。

③ 私は妻より7才年下です。

④ フランス料理はドイツ料理よりこってりしています。

⑤ あなたは彼より仕事が速いんです。

⑥ 日本の物価はドイツの物価より高いんです。

⑦ あなたは彼より頭がいいんです。

ヒント

①お母さん Mom, お父さん Dad ④こってりした rich
⑤仕事が速い fast worker ⑥物価 prices ⑦頭がいい be smart

Track 19

① Mom's five years older than Dad.

② New York's colder than San Francisco.

③ I'm seven years younger than my wife.

④ French food's richer than German food.

⑤ You're a faster worker than him.

⑥ Prices in Japan're higher than in Germany.

⑦ You're smarter than him.

ワンポイント情報

⑦ You're Ⓐ smarter than him.
　　　　　Ⓑ brighter than him.
Ⓑはよく使われている。Ⓐは非常によく使われている。

短母音＋子音，子音＋y のときの比較級

①	グレッグはブライアンよりセクシーなんです。
②	ビルはジョンよりやせています。
③	ピーターはジェフより太っています。
④	ロンドンはサンフランシスコより霧が深いんです。
⑤	あなたはデイヴィッドよりすらっとしています。
⑥	スペイン語はフランス語よりやさしいです。
⑦	このスーツケースはあれより重いんです。

ヒント

①セクシーです be hot　②やせている be thin　③太っている be big　④霧が深い foggy　⑤すらっとしている be skinny　⑥やさしい easy　⑦重い heavy

Track 20

①	Greg's hotter than Brian.
②	Bill's thinner than Jon.
③	Peter's bigger than Jeff.
④	London's foggier than San Francisco.
⑤	You're skinnier than David.
⑥	Spanish's easier than French.
⑦	This suitcase's heavier than that.

ワンポイント情報

⑤ You're　Ⓐ skinnier than David.
　　　　　Ⓑ slimmer than David.
Ⓑはよく使われている。Ⓐは非常によく使われている。
詳細は「アメリカ英語日常会話辞典」を参照されたい。

$$\left(\text{more} + 多音節形容詞 \quad \text{than}\right)$$

①	ウォルドフはヒルトンより高級です。
②	あなたはリサより上品です。
③	あなたはジムよりエネルギッシュです。
④	ロンはディックより魅力的です。
⑤	ジェーンはメアリーより気取っています。
⑥	彼はあなたより厳しいです。
⑦	これはあれより高いです。

ヒント

①高級な upscale，ウォルドフ The Waldorf ②上品な stylish ③エネルギッシュな energetic ⑤気取って stuck-up ⑥厳しい demanding ⑦高い expensive

🎵 Track 21

①	The Waldorf's more upscale than the Hilton.
②	You're more stylish than Lisa.
③	You're more energetic than Jim.
④	Ron's more attractive than Dick.
⑤	Jane's more stuck-up than Mary.
⑥	He's more demanding than you.
⑦	This is more expensive than that.

ワンポイント情報

① The Waldorf's more　Ⓐ upscale than the Hilton.
　　　　　　　　　　　Ⓑ exclusive than the Hilton.
Ⓑはよく使われている。Ⓐは非常によく使われている。
The Waldorfはニューヨークにあるアメリカで最高級のホテルと言われている。

不規則に変化する good, bad, many, much の比較級

① フランス料理はイギリス料理よりおいしいです。

② うちの会社の成績は彼らの会社の成績よりいいんです。

③ 彼の風邪は昨日よりひどいんです。

④ うちの会社はあなたの会社より支店がたくさんあるんです。

⑤ この車はあの車よりガソリンをたくさん食うんです。

⑥ 彼は私よりたくさん稼ぎます。

⑦ 彼女は彼より部下が大勢います。

ヒント

②成績 performance　③風邪 cold，ひどい worse　④支店 branch　⑤ガソリンを食う use　gas　⑥稼ぐ make money　⑦部下 assistant

Track 22

①	French food's better than British food.
②	Our company performance's better than theirs.
③	His cold's worse than yesterday.
④	Our company has more branches than yours.
⑤	This car uses more gas than that one.
⑥	He makes more money than me.
⑦	She has more assistants than him.

ワンポイント情報

⑤ This car　Ⓐ uses more gas than that one.
　　　　　　Ⓑ consumes more gas than that one.
　　　　　　Ⓒ takes more gas than that one.

Ⓒはよく使われている。ⒶⒷ共非常によく使われている。詳細は「アメリカ英語ビジネス会話辞典」を参照されたい。

6. How...?の各種表現

> 物，会社，店，建物の購買，設立，建築年数を尋ねるときの How old's...?
> 「…してから何年になるのですか」

① あなたのコンピューターは買ってから何年になるのですか。

② このアパートは建築してから何年になるのですか。

③ この防犯カメラは取り付けてから何年になるのですか。

④ この高速道路は作られてから何年になるのですか。

⑤ この株は買ってから何年になるのですか。

⑥ メイシーは開店してから何年になるのですか。

⑦ シカゴ銀行は設立してから何年になるのですか。

ヒント

③防犯カメラ security camera ④高速道路 highway ⑤株 stock

Track 23

① How old's your computer?

② How old's this apartment building?

③ How old's this security camera?

④ How old's this highway?

⑤ How old's this stock?

⑥ How old's Macy's?

⑦ How old's Chicago Bank?

ワンポイント情報

④「高速道路」は expressway, turnpike, parkway, freeway など地域によりいろいろ使われているが highway はどこでも1番よく使われている。

⑥ Macy's はニューヨークに本店があるアメリカの有名なデパート。

> 数を尋ねるときの
> How many＋複数名詞…？
> 「いくつ」

① アメリカにはいくつ証券会社があるのですか。

② アメリカにはいくつ自動車会社があるのですか。

③ ドイツにはいくつ製薬会社があるのですか。

④ ケンタッキーにはいくつウイスキー工場があるのですか。

⑤ アメリカにはいくつ製紙工場があるのですか。

⑥ このビルは何階建てですか。

⑦ ミネソタにはいくつ湖があるのですか。

ヒント

①証券会社 brokerage firm ②自動車会社 car company ③製薬会社 drug company ④ウイスキー工場 whiskey distillery ⑤製紙工場 paper mill ⑥階 floor ⑦湖 lake

Track 24

① How many brokerage firms does America have?

② How many car companies does America have?

③ How many drug companies does Germany have?

④ How many whiskey distilleries does Kentucky have?

⑤ How many paper mills does America have?

⑥ How many floors does this building have?

⑦ How many lakes does Minnesota have?

ワンポイント情報

② How many Ⓐ car companies [Ⓑ car manufactures] does America have?
Ⓑも非常によく使われているがⒶが1番よく使われている。詳細は「アメリカ英語ビジネス会話辞典」を参照されたい。

④ Kentucky 州はウイスキーの製造で有名。

⑦ Minnesota は湖の数が全米一で約一万湖。

量・金額を尋ねる How much＋名詞…？

① あなたは毎日どの位コーヒーを飲むのですか。

② あなたはどの位お金の持ち合わせがあるのですか。

③ あなたは毎日どの位牛肉を食べるのですか。

④ あなたは毎日どの位ワインを飲むのですか。

⑤ 私たちは毎日どの位牛乳を飲まなければならないのですか。

⑥ 私たちは１日にどの位塩分をとるのですか。

⑦ あなたは毎月どの位所得税を払うのですか。

ヒント

②お金の持ち合わせがある have　money　with　⑥とる take　⑦所得税 income tax

① How much coffee do you drink every day?
② How much money do you have with you?
③ How much beef do you eat every day?
④ How much wine do you drink every day?
⑤ How much milk do we have to drink every day?
⑥ How much salt can we take a day?
⑦ How much income tax do you pay every month?

時間と年数の長さを尋ねるときの How long...? 「どの位」

① あなたは週にどの位残業をするのですか。

② あなたはどの位彼の下で働いていたのですか。

③ あなたはどの位彼を待ったのですか。

④ あなたはどの位ジムで運動するのですか。

⑤ あなたは毎日どの位犬を散歩させるのですか。

⑥ ここから駅まで歩いてどの位かかるのですか。

⑦ あなたの家から事務所までどの位かかるのですか。

ヒント

①残業をする work overtime ②の下で働く work for ④運動する work out ⑤散歩させる walk ⑥歩いて on foot, かかる take

Track 26

① How long do you work overtime a week?

② How long did you work for him?

③ How long did you wait for him?

④ How long do you work out at the gym?

⑤ How long do you walk your dog every day?

⑥ How long does it take from here to the station on foot?

⑦ How long does it take from your house to the office?

ワンポイント情報

② How long did you　Ⓐ work for him?
　　　　　　　　　　Ⓑ report to him?

Ⓑはよく使われている。Ⓐは非常によく使われている。詳細は「アメリカ英語ビジネス会話辞典」を参照されたい。

7. Be 動詞の過去形

> 「1，3人称単数が…でした」と述べる
> 主語＋was＋形容詞［名詞］…

①	私は1日中仕事で忙しかったんです。
②	私は昨年までアル中だったんです。
③	私は以前仕事中毒だったんです。
④	彼女は上品でした。
⑤	彼はあなたのことをものすごく怒っていました。
⑥	キャスィは昨日1日中気分がよくなかったんです。
⑦	車はここへ来る途中混んでいました。

ヒント

①忙しい be busy ②アル中 alcoholic ③仕事中毒 workaholic ④上品です be stylish ⑤ものすごく怒っている be furious ⑥気分がよくない be sick ⑦車 the traffic, 混んでいる be bad, ここへ来る途中 on the way here

①	I was busy with my work all day.
②	I was an alcoholic until last year.
③	I was a workaholic before.
④	She was stylish.
⑤	He was furious with you.
⑥	Cathy was sick all day yesterday.
⑦	The traffic was bad on the way here.

ワンポイント情報

②Ⓐ I was an alcoholic until last year.
　Ⓑ I had a drinking problem until last year.
　ⒶⒷ共非常によく使われている。

「1人称複数，2人称単[複]数，3人称複数が…でした」と述べる主語＋were＋形容詞[過去分詞]…

① 私たちはその当時幸せでした。

② あなたは昨夜私に失礼でした。

③ あなたたちはその当時うぬぼれていました。

④ リンダとスィンディは非常に勤勉でした。

⑤ 彼らは以前勢力がありました。

⑥ 私たちは2人共興奮していました。

⑦ ビルの息子さんは2人共ハンサムでした。

ヒント

①その当時 back then ②失礼です be rude ③うぬぼれている be conceited, その当時 at that time ④勤勉です be hardworking ⑤勢力がある be influential ⑥興奮している be excited, 2人共 both of

Track 28

①	We were happy back then.
②	You were rude to me last night.
③	You were conceited at that time.
④	Linda and Cindy were really hard-working.
⑤	They were influential before.
⑥	Both of us were excited.
⑦	Both of Bill's sons were good-looking.

ワンポイント情報

③ You Ⓐ were conceited at the time.
　　　　 Ⓑ have a bighead at the time.
　ⒶⒷ共非常によく使われている。詳細は「アメリカ英語日常会話辞典」を参照されたい。

8. 一般動詞の過去形

（「…しました」と規則動詞の過去の動作を述べる　主語＋一般動詞の過去形）

① 私はセントラル公園の近くに店舗を借りたんです。

② 私たちはトラックに荷物を積みました。

③ 彼女はあなたの悪口を言いました。

④ 彼はちょうど7時に私に電話をしてきました。

⑤ 車は高速道路で故障したんです。

⑥ 私たちは彼を昼食に招待しました。

⑦ 妻は不倫したんです。

ヒント

①店舗 store space　②荷物を積む load　③悪口を言う bad-mouth　④ちょうど exactly　⑤故障する die on　⑥招待する invite one out　⑦不倫する cheat on

Track 29

①	I rented a store space near Central Park.
②	We loaded the truck.
③	She bad-mouthed you.
④	He called me at exactly 7:00.
⑤	The car died on us on the highway.
⑥	We invited him out to lunch.
⑦	My wife cheated on me.

ワンポイント情報

③ She Ⓐ bad-mouthed you.
　　　 Ⓑ said bad things about you.
　ⒶⒷ共非常によく使われている。詳細は「アメリカ英語日常会話辞典」を参照されたい。

「…しました」と不規則動詞の過去の動作を述べる　主語＋一般動詞の過去形(1)

① 私たちはジムの歓迎会を開きました。

② あなたは私の気持ちをすごく傷つけました。

③ 彼女はあなたのことをすごくほめていました。

④ 彼は5時頃車で立ち寄りました。

⑤ 上司は私に豪華な夕食をおごってくれました。

⑥ あの株は昨日下がったんです。

⑦ 訴訟は私に2万ドルかかったんです。

ヒント

①歓迎会 welcoming party，開く throw　②傷つけた hurt　③すごくほめている say a lot of good things about　④車で立ち寄る drive over　⑤豪華な夕食をおごる buy one a big dinner　⑥下がる fall　⑦訴訟 lawsuit，かかった cost

Track 30

①	We threw a welcoming party for Jim.
②	You really hurt my feelings.
③	She said a lot of good things about you.
④	He drove over around 5:00.
⑤	My boss bought me a big dinner.
⑥	That stock fell yesterday.
⑦	The lawsuit cost me $20,000.

ワンポイント情報

③ She said a lot of Ⓐ good things about you.
　　　　　　　　　　Ⓑ good stuff about you.
Ⓑはよく使われている。Ⓐは非常によく使われている。
詳細は「アメリカ英語日常会話辞典」を参照されたい。

「…しました」と不規則動詞の過去の動作を述べる　主語＋一般動詞の過去形(2)

① 私は車の免許証をなくしました。

② 彼女は旅行代理店に就職しました。

③ リンダは今日の午後シアトルに発ちました。

④ 彼の会社は2日前に倒産しました。

⑤ 私は電車に傘を忘れちゃったんです。

⑥ 葬式は10時に始まりました。

⑦ 彼らは大阪へ飛行機で行きました。

ヒント

①車の免許証 driver's license　②就職する get a job，旅行代理店 travel agency　④倒産する go broke，2日前に two days ago　⑤忘れる leave　⑥葬式 funeral　⑦飛行機で行く fly

Track 31

① I lost my driver's license.

② She got a job at a travel agency.

③ Linda left for Seattle this afternoon.

④ His company went broke two days ago.

⑤ I left my umbrella on the train.

⑥ The funeral began at 10:00.

⑦ They flew to Osaka.

ワンポイント情報

⑤ I Ⓐ left my umbrella on the train.
　　 Ⓑ forgot my umbrella on the train.
　　 Ⓒ left my umbrella behind on the train.
　Ⓒはよく使われている。ⒶⒷは非常によく使われている。

9. 2種類ある過去の疑問文の作り方

（「…だったのですか」と過去の状態を尋ねる
Was＋3人称単数主語＋形容詞…？）

① 彼女は今朝遅れたのですか。

② 彼女は気取っていたのですか。

③ 彼は威張っていたのですか。

④ 彼は失礼だったのですか。

⑤ 彼の事務所は大きかったのですか。

⑥ 彼の電話は話し中だったのですか。

⑦ 下のレストランはいっぱいだったのですか。

ヒント

②気取って snobbish　③威張って bossy　④失礼な rude
⑥話し中 busy，電話 line　⑦いっぱい full

Track 32

① Was she late this morning?

② Was she snobbish?

③ Was he bossy?

④ Was he rude?

⑤ Was his office big?

⑥ Was his line busy?

⑦ Was the restaurant downstairs full?

ワンポイント情報

④ Was he　Ⓐ rude?
　　　　　Ⓑ impolite?

Ⓑはよく使われている。Ⓐは非常によく使われている。詳細は「アメリカ英語日常会話辞典」を参照されたい。

(「…だったのですか」と過去の状態を尋ねる
Were+ 2人称単数［3人称複数］+名詞［形容詞］...?)

① あなたは彼の上司だったのですか。

② あなたは昨夜熱っぽかったのですか。

③ 彼女たちはあなたの部下だったのですか。

④ 彼らは横柄だったのですか。

⑤ マイクとスティーヴは以前警察官だったのですか。

⑥ 彼の友達みんなはあなたに感じよかったのですか。

⑦ スーパーは両方共混んでいたのですか。

ヒント

②熱っぽい feverish　④横柄な arrogant　⑤以前 before, 警察官 police officer　⑥感じがいい nice　⑦混んでいる crowded

Track 33

①	Were you his supervisor?
②	Were you feverish last night?
③	Were they your assistants?
④	Were they arrogant?
⑤	Were Mike and Steve police officers before?
⑥	Were all his friends nice to you?
⑦	Were both supermarkets crowded?

ワンポイント情報

①Ⓐ Were you his supervisor?
 Ⓑ Were you his boss?
 Ⓒ Did he work for you?
 ⒶⒷⒸいずれも非常によく使われている。

> 「…だったのですか」と過去の動作を尋ねる
> Did you＋動詞...?

① あなたは銀行からお金を下ろしてきたのですか。

② あなたはうちの口座にお金を振り込んだのですか。

③ あなたは完全に暖房を消したのですか。

④ あなたは冷房を弱くしたのですか。

⑤ あなたはそこへタクシーで行ったのですか。

⑥ あなたはそこへ歩いて行ったのですか。

⑦ あなたは彼らの住宅ローンの保証人になったのですか。

ヒント

①下ろす get ②振り込む transfer ③完全に all the way, 暖房を消す turn off the heater ④冷房を弱くする turn down the air-conditioner ⑤タクシーで行く take a taxi ⑦保証人になる cosign for

Track 34

① Did you get the money from the bank?

② Did you transfer the money into our account?

③ Did you turn off the heater all the way?

④ Did you turn down the air-conditioner?

⑤ Did you take a taxi there?

⑥ Did you walk there?

⑦ Did you cosign for their home loan?

ワンポイント情報

⑥ Did you Ⓐ walk there?
　　　　　 Ⓑ go there on foot?
　ⒶⒷ共非常によく使われている。

「…だったのですか」と過去の動作を尋ねる
Did＋3人称単数主語＋動詞...?

① 彼女はあなたとの約束をドタキャンしたのですか。

② 彼は九州へ飛行機で行ったのですか。

③ リンダは交通事故を起こしたのですか。

④ ナンシーはスティーヴを振ったのですか。

⑤ キャロルとデイヴィッドは離婚したのですか。

⑥ ジムは司法試験に合格したのですか。

⑦ スティーヴは引っ越したのですか。

ヒント

①約束をドタキャンする cancel one's appointment at the last moment　②飛行機で行く fly　③交通事故を起こす have a car accident　④振る dump　⑤離婚する get divorced　⑥司法試験に合格する pass the bar　⑦引っ越す move out

Track 35

①	**Did she cancel her appointment with you at the last moment?**
②	**Did he fly to Kyushu?**
③	**Did Linda have a car accident?**
④	**Did Nancy dump Steve?**
⑤	**Did Carol and David get divorced?**
⑥	**Did Jim pass the bar?**
⑦	**Did Steve move out?**

ワンポイント情報

③Ⓐ Did Linda have a car accident?
　Ⓑ Was Linda in a car accident?
　ⒶⒷ共非常によく使われている。

「何に［を］誰々は…したのですか」
What did you [she, Bill]＋動詞...?

① あなたは日曜日何をしたのですか。

② あなたは結婚祝いに何をビルにあげたのですか。

③ 彼女はコーネルで何を勉強したのですか。

④ 彼はここへ来る途中何をなくしたのですか。

⑤ ビルはネットで何を検索していたのですか。

⑥ ロンは何を専攻したのですか。

⑦ 彼はあのお金全部を何に投資したのですか。

ヒント

②結婚祝いに for one's wedding　④ここへ来る途中 on the way here　⑤検索する search for on the net　⑥専攻する major in　⑦に投資する invest in

① What did you do Sunday?

② What did you give Bill for his wedding?

③ What did she study at Cornell?

④ What did he lose on the way here?

⑤ What did Bill search for on the net?

⑥ What did Ron major in?

⑦ What did he invest all that money in?

ワンポイント情報

③ Cornell はアメリカの名門大 8 つのひとつ。Harvard, Yale, Princeton, Columbia, Pennsylvania, Dartmouth, Brown のことを言う。

> 「どうして［いつ，誰と］誰々は…したのですか」
> Why [When, Who] did＋主語＋動詞...?

① どうして彼らは事務所を移転したのですか。

② どうして彼は取引から手を引いたのですか。

③ いつ住宅ローンはおりたのですか。

④ いつ彼はうちの会社に入社したのですか。

⑤ いつ彼女は立ち寄ったのですか。

⑥ 誰と彼女は外国へ行ったのですか。

⑦ 彼は誰と旅行代理店を設立したのですか。

ヒント

①移転する move ②取引から手を引く back out of the deal ③おりる come through ④に入社する start working for ⑤立ち寄る drop by ⑥外国へ out of the country ⑦設立する start

Track 37

①	Why did they move their office?
②	Why did he back out of the deal?
③	When did the home loan come through?
④	When did he start working for our company?
⑤	When did she drop by?
⑥	Who did she go out of the country with?
⑦	Who did he start the travel agency with?

ワンポイント情報

① Why did they Ⓐ move their office?
　　　　　　　　Ⓑ relocate their office?
Ⓑはよく使われている。Ⓐは非常によく使われている。

10. 2種類ある過去の否定文の作り方

> 「…しませんでした」と述べる
> 主語＋wasn't ＋形容詞［名詞］…

①	私は昨夜病気ではありませんでした。
②	彼女は私に魅力的ではありませんでした。
③	彼は大学のとき成績がよくなかったんです。
④	ビルは私たちを支持しませんでした。
⑤	リンダは給料に満足していませんでした。
⑥	途中，車は渋滞していませんでした。
⑦	うちの会社は昨年まで成績がよくなかったんです。

ヒント

①病気です be sick ②魅力的です be attractive ③成績がいい good student ④…を支持する be in support of ⑤満足している be happy ⑥途中 on the way, 車 traffic, 渋滞している be heavy ⑦成績がいい be doing well

Track 38

①	I wasn't sick last night.
②	She wasn't attractive to me.
③	He wasn't a good student in college.
④	Bill wasn't in support of us.
⑤	Linda wasn't happy about her pay.
⑥	The traffic on the way wasn't heavy.
⑦	Our company wasn't doing well until last year.

ワンポイント情報

⑦ Our company wasn't Ⓐ doing well until last year.
　　　　　　　　　　　Ⓑ doing a lot of business until...
　ⒶⒷ共非常によく使われている。詳細は「アメリカ英語ビジネス会話辞典」を参照されたい。

「…ではありませんでした」と述べる
主語＋weren't＋形容詞［名詞］

① 私たちは彼のことを怒っていませんでした。

② 私たちはその当時貧しくありませんでした。

③ 彼らは昨年の夏まで成功していなかったんです。

④ 彼らは以前うちの仕入れ先ではなかったんでんす。

⑤ サリーとローズは私たちに感じがよくなかったんです。

⑥ ジムとビルは数学が得意ではありませんでした。

⑦ リンダとバーバラはパーティーに遅れませんでした。

ヒント

①…を怒る be angry with　②その当時 back then　③成功している be successful　④仕入れ先 supplier　⑤感じがいい be nice　⑥…が得意です be good at

Track 39

①	We weren't angry with him.
②	We weren't poor back then.
③	They weren't successful until last summer.
④	They weren't our suppliers before.
⑤	Sally and Rose weren't nice to us.
⑥	Jim and Bill weren't good at math.
⑦	Linda and Barbara weren't late for the party.

ワンポイント情報

⑦ Linda and Barbara Ⓐ weren't late for the party.
　　　　　　　　　　　Ⓑ were on time for the party.
　　　　　　　　　　　Ⓒ came to the party on time.
　ⒶⒷⒸいずれも非常によく使われている。

「私[あなた，私たち，彼ら]が…しませんでした」と述べる主語＋didn't＋動詞の原形…

① 私はスープを飲みませんでした。

② 私たちは彼を夕食に招きませんでした。

③ あなたは昨日私に電話をしてきませんでした。

④ 彼らはお互いに気が合わなかったんです。

⑤ 彼らはパーティーで何も食べませんでした。

⑥ トムとボブは歓迎会に来ませんでした。

⑦ リンダとブライアンはお互いに信用していませんでした。

ヒント

①スープを飲む eat soup ②に招く invite one over for ④気が合う get along with ⑤何も anything ⑥歓迎会 welcoming party ⑦信用する trust

Track 40

① I didn't eat soup.

② We didn't invite him over for dinner.

③ You didn't call me yesterday.

④ They didn't get along with each other.

⑤ They didn't eat anything at the party.

⑥ Tom and Bob didn't come to the welcoming party.

⑦ Linda and Brian didn't trust each other.

ワンポイント情報

① I didn't Ⓐ eat [have] soup.
　　　　　Ⓑ drink soup.

　Ⓑは使われていない。Ⓐは非常によく使われている。

⑥ Tom and Bob didn't come to the Ⓐ welcoming party.
　　　　　　　　　　　　　　　　　Ⓑ welcome...

　ⒶⒷ共非常によく使われている。

「…しませんでした」と述べる
主語＋didn't＋動詞…

① 彼女は大学を卒業しませんでした。

② 彼は就労ビザを更新しませんでした。

③ ボブは大学院に行きませんでした。

④ グレッグは期日に残金を払いませんでした。

⑤ 取引はまとまりませんでした。

⑥ 景気は上向きませんでした。

⑦ 失業率は先月下がりませんでした。

ヒント

①を卒業する graduate from ②就労ビザ work visa ③大学院 graduate school ④残金 balance, 期日に on time ⑤まとまる go through ⑥上向く pick up ⑦失業率 jobless rate, 下がる fall

Track 41

① She didn't graduate from college.

② He didn't renew his work visa.

③ Bob didn't go to graduate school.

④ Greg didn't pay the balance on time.

⑤ The deal didn't go through.

⑥ The economy didn't pick up.

⑦ The jobless rate didn't fall last month.

ワンポイント情報

⑤ The deal Ⓐ didn't go through.
　　　　　 Ⓑ didn't come through.
　　　　　 Ⓒ fell apart.
　ⒶⒷⒸいずれも非常によく使われている。

11. 現在進行形と過去進行形

> 現在の進行状況を述べるときの
> I'm[We're]＋動詞の原形＋ing「…しているところです」

(携帯電話で)

① 私は今車でシカゴに向かっているところです。

② 私は今あなたの事務所に行くところです。

③ 私は今車を修理しているところです。

④ 私たちは今近くのスーパーへ歩いていくところです。

⑤ 私たちは今メイシーで買物をしているところです。

⑥ 私たちは今テレビでボクシングの試合を見ているところです。

⑦ 私たちは今あなたの事務所のすぐ下のレストランでビルと昼食を食べているところです。

ヒント

③修理する **fix** ④近くの **nearby**、スーパー **grocery store** ⑥ボクシングの試合 **boxing match** ⑦すぐ下の **right below**

(On the cell phone) Track 42

① I'm driving to Chicago now.

② I'm coming to your office now.

③ I'm fixing my car right now.

④ We're walking to the nearby grocery store now.

⑤ We're shopping at Macy's now.

⑥ We're watching a boxing match on TV now.

⑦ We're eating lunch with Bill at the restaurant right below your office now.

ワンポイント情報

② I'm Ⓐ coming to your office.
　　　 Ⓑ going to your office.

Ⓑは使われていない。Ⓐは非常によく使われている。「行く」=go と覚えている人が多いが話し手と聞き手が一緒になるときの「行く」には go ではなく come を使うことに注意。

> 現在の進行状況を述べるときの
> They're＋動詞の原形＋ing「…しているところです」

① 彼らは今台所をリフォームしているところです。

② 彼らは今パーティーを開いているところです。

③ 彼らはあなたの悪口をいろいろ言っています。

④ （携帯電話で）彼らはジムで運動しているところです。

⑤ （携帯電話で）彼らは組合を説得しているところです。

⑥ （電話で）彼らは今ネットであちこちを見ているところです。

⑦ 彼らはシェラトンに泊っています。

ヒント

①リフォームする remodel　②開く throw　③悪口をいろいろ言う say a lot of bad things　④運動する work out　⑤組合 union, 説得する work on　⑥あちこちを見る surf

Track 43

① They're remodeling their kitchen now.

② They're throwing a party now.

③ They're saying a lot of bad things about you.

④ (On the cell phone) They're working out at the gym.

⑤ (On the cell phone) They're working on the union.

⑥ (On the phone) They're surfing the 'Net now.

⑦ They're staying at the Sheraton.

ワンポイント情報

① They're Ⓐ remodeling 〔Ⓑ renovating〕their
　　　　　 kitchen now.
　　　　Ⓒ reforming their...

ある辞典にⒸが出ているが使われていない。ⒶⒷは非常によく使われている。ⒷのほうがⒶより大規模にやることになる。詳細は「アメリカ英語ビジネス会話辞典」を参照されたい。

> 現在の進行状況を尋ねるときの
> 疑問詞＋be動詞＋主語...?「…しているのですか」

① 彼女は最近誰と付き合っているのですか。

② 彼女は今誰と口論しているのですか。

③ 彼女はフランス語のコースをどこで受講しているのですか。

④ 上司は今誰に怒鳴っているのですか。

⑤ 彼らはどこを旅行しているのですか。

⑥ 彼らはどこで店舗を探しているのですか。

⑦ 彼らはどこで私たちを待っているのですか。

ヒント

①付き合う see　②口論する argue　③受講する take　④を怒鳴る yell at　⑥店舗 store space，探す look for

Track 44

① Who's she seeing these days?

② Who's she arguing with now?

③ Where's she taking a French class?

④ Who's the boss yelling at now?

⑤ Where are they traveling?

⑥ Where are they looking for a store space?

⑦ Where are they waiting for us?

ワンポイント情報

⑥ Where are they Ⓐ looking [shopping] for a store space?
　　　　　　　　Ⓑ shopping around for...?

ⒶⒷ共非常によく使われている。ⒷはⒶより多くの物件を見て深く検討しているニュアンスがある。

> 過去の進行状況を述べるときの
> 主語＋were＋動詞の原形＋ing「…していました」

① 彼女たちは昨年まで彼の直属の部下として働いていました。

② リンダとメアリーは3年間彼女の下で働いていました。

③ 私たちは昨晩リンダの送別会を開いていました。

④ 私たちは昨日の今頃シカゴへ飛行機で向かっていました。

⑤ 彼らは売上げを上げる方法を話し合っていました。

⑥ 私たちは先週ニューヨークの周辺を旅行していました。

ヒント

①直属の部下として働く **work directly under**　③送別会 **going-away party**　④今頃 **around this time**　⑤方法 **how to**，上げる **increase**　⑥の周辺 **around**

Track 45

① They were working directly under him until last year.

② Linda and Mary were working for her for three years.

③ We were having a going-away party for Linda last night.

④ We were flying to Chicago around this time yesterday.

⑤ They were discussing how to increase sales.

⑥ We were traveling around New York last week.

ワンポイント情報

③ We were having a Ⓐ going-away party for Linda last night.
　　　　　　　　　Ⓑ good-by [send-off] party...
　　　　　　　　　Ⓒ farewell party...

Ⓑはよく使われている。Ⓐは非常によく使われている。辞典ではⒶとⒸのみ紹介しているがⒸは社長，大使のような重要人物の送別会。友人，同僚にはⒸは使えない。

> 過去の進行状況を尋ねるときの
> 疑問詞＋were［was］＋主語＋ing?
> 「…していましたか」

① あなたは昨晩7時頃何をしていましたか。

② 彼女たちは何のことで文句を言っていたのですか。

③ 彼女は誰とケンカしていたのですか。

④ 彼は手に何を持っていたのですか。

⑤ 2人はどこで買物をしていたのですか。

⑥ トムとビルはどこで昼食を食べていたのですか。

⑦ グレッグは誰をデートに誘っていたのですか。

ヒント

②文句を言う complain　④持つ carry　⑤2人 they　⑦デートに誘う ask out for a date

Track 46

① What were you doing around 7:00 last night?

② What were they complaining about?

③ Who was she fighting with?

④ What was he carrying in his hand?

⑤ Where were they shopping?

⑥ Where were Tom and Bill eating lunch?

⑦ Who was Greg asking out for a date?

ワンポイント情報

③ Who was she Ⓐ fighting with?
　　　　　　　　Ⓑ arguing with?
　　　　　　　　Ⓒ having a fight with?
　　　　　　　　Ⓓ having an argument with?

ⒸⒹは非常によく使われている。ⒶⒷは最もよく使われている。

12. 特定な人，ものが「います」「あります」と述べるときの Be 動詞

$$\left(\begin{array}{l}誰々は…に「います」と述べる \\ \text{I [We, They]} + \text{be 動詞}... \end{array}\right)$$

① 私は空港にいます。

② 私たちは7番街にいます。

③ 私たちは市役所の裏のレストランにいます。

④ 彼らは3階にいます。

⑤ 彼らは最上階にいます。

⑥ トムとビルは地下にいます。

⑦ 私の両親は今サンフランシスコにいます。

ヒント

②7番街 Seventh Avenue　③裏 behind　⑤最上階 the top floor　⑥地下 basement

Track 47

①	I'm at the airport.
②	We're on Seventh Avenue.
③	We're at the restaurant behind city hall.
④	They're on the third floor.
⑤	They're on the top floor.
⑥	Tom and Bill're in the basement.
⑦	My parents're in San Francisco now.

ワンポイント情報

③ We're at the restaurant Ⓐ behind city hall.
　　　　　　　　　　　　　Ⓑ in the back of city hall.
ⒶⒷ共非常によく使われている。

(誰々は…に「います」と述べる
3人称単数主語＋is...)

① 彼女は今ビルと一緒にいます。

② 彼は下のレストランにいます。

③ ロンは人事部にいます。

④ ジェーンは上の階にいます。

⑤ バーバラは経理部にいます。

⑥ 息子は会社にいます。

⑦ 私たちの上司はデトロイトにいます。

ヒント

②下の **downstairs** ③人事部 **Personnel** ④上の階に **upstairs** ⑤経理部 **Accounting**

Track 48

①	She's with Bill now.
②	He's in the restaurant downstairs.
③	Ron's in Personnel.
④	Jane's upstairs.
⑤	Barbara's in Accounting.
⑥	My son's at the office.
⑦	Our boss's in Detroit.

ワンポイント情報

③ Ron's in Ⓐ Personnel.
　　　　　　Ⓑ the Personnel Department.
Ⓑはよく使われている。Ⓐは非常によく使われている。詳細は「アメリカ英語ビジネス会話辞典」を参照されたい。

> 特定のものが…に「あります」と述べる
> 主語＋be 動詞＋in［on, near］...

① 技術部は2階にあります。

② 彼らのアパートはパーク街にあります。

③ 私の故郷はオハイオにあります。

④ うちの事務所はマディソンオフィス街にあります。

⑤ 私たちの別荘はヒューロン湖畔にあります。

⑥ 彼の事務所はリンカーンオフィス街にあります。

⑦ コロンビア大学はハーレムの近くにあります。

ヒント

①技術部 Tech Support　②パーク街 Park Avenue　③故郷 hometown　④オフィス街 office complex　⑤ヒューロン湖畔に on Lake Huron　⑥リンカーンオフィス街 Lincoln Office Park

Track 49

① Tech Support's on the second floor.

② Their apartment's on Park Avenue.

③ My hometown's in Ohio.

④ Our office is in Madison Office Complex.

⑤ Our vacation home's on Lake Huron.

⑥ His office is in Lincoln Office Park.

⑦ Columbia University's near Harlem.

ワンポイント情報

② Park Avenue はニューヨークにある高級アパート街で有名。④ Madison 街はニューヨークにある広告代理店がある街で全国的に有名。

④ Our office is in Madison Office　Ⓐ Complex.
　　　　　　　　　　　　　　　　　Ⓑ Park.
　　　　　　　　　　　　　　　　　Ⓒ Plaza.

大きさの点ではⒸが1番。ⒷⒶの順で小さい響きがある。

「どこに [どこのスーパー] にいるのですか」
と尋ねる疑問詞（＋名詞）＋be動詞＋主語...?

① あなたは今どこにいるのですか。

② 彼は今どこにいるのですか。

③ 彼女たちはどこのスーパーにいるのですか。

④ 彼女はどこのホテルにいるのですか。

⑤ 彼らはどこのレストランにいるのですか。

⑥ あなたはどこの通りにいるのですか。

⑦ キャロルとリンダは何階にいるのですか。

ヒント

③どこの Which, スーパー grocery store　⑦階 floor

Track 50

①	**Where are you now?**
②	**Where's he right now?**
③	**Which grocery store're they in?**
④	**Which hotel's she at?**
⑤	**Which restaurant're they're in?**
⑥	**Which street're you on?**
⑦	**What floor're Carol and Linda on?**

ワンポイント情報

③ Which Ⓐ grocery store're they in?
　　　　 Ⓑ supermarket're they in?
　地域によりⒷもよく使われているが、だんだん使われなくなってきている。Ⓐは非常によく使われている。詳細は「アメリカ英語ビジネス会話辞典」を参照されたい。

> 「…はどこの［何階］…にありますか」
> と尋ねる　疑問詞（＋名詞）＋be動詞＋主語…?

①	ブラウン製紙工場はどこにありますか。
②	ブラウン広告代理店はどこのビルにありますか。
③	彼女のブティックはどこのショッピングセンターにありますか。
④	彼の工場はどこの州にありますか。
⑤	彼の事務所はどこの通りにありますか。
⑥	カーネギーホールはどこの通りにありますか。
⑦	会長室は何階にありますか。

ヒント

①製紙工場 paper mill　②広告代理店 ad agency　⑦会長 Chairman

Track 51

① Where's Brown Paper Mill?

② Which building's Brown Ad Agency in?

③ Which shopping center's her boutique in?

④ What state's his factory in?

⑤ What street's his office on?

⑥ What street's Carnegie Hall on?

⑦ What floor's the Chairman's office on?

ワンポイント情報

③Ⓐ Which shopping center's his boutique in?
　Ⓑ What shopping center's his boutique in?
　Ⓑはよく使われている。Ⓐは非常によく使われている。

13. 代名詞と形容詞の働きをする These... と Those...

> 「これら［あれら］は…です」と述べる
> These're [Those're] ...

①	これらは今飛ぶように売れています。
②	これらは信じられないくらい安いです。
③	これらは今全部売り物なんです。
④	これらは全部あなたの風邪に効きます。
⑤	あれらは全部中古車です。
⑥	あれらはイタリアの生地です。
⑦	あれらは私には高すぎます。

ヒント

①飛ぶように売れている be a hot seller　②信じられないくらい unbelievably　③売り物 on sale　④風邪に効く be good for one's cold　⑤中古車 used car　⑦高い expensive

Track 52

①	These're hot sellers now.
②	These're unbelievably cheap.
③	These're all on sale now.
④	These're all good for your cold.
⑤	Those're all used cars.
⑥	Those're Italian fabrics.
⑦	Those're too expensive for me.

ワンポイント情報

④Ⓐ These're all good for your cold.
 Ⓑ These all work for your cold.
 Ⓒ These all help your cold.
 ⒶⒷⒸいずれも非常によく使われている。

> 「これら［あれら］の…は…です」と述べる
> These［Those］＋名詞…

① これらのネクタイは私には派手すぎます。

② これらの半導体は最先端をいっています。

③ これらの分譲マンションは両方ともいい買物です。

④ あれらの車は燃費がいいんです。

⑤ あれらの中古のコンピューターは2年の保証が付いています。

⑥ あれらの車は全部ポンコツです。

⑦ あれらの冷蔵庫は客寄せ商品です。

ヒント

①派手な flashy　②半導体 semiconductor, 最先端をいっている be state of the art　③両方とも both, いい買物 good buy　④燃費がいい be gas-saving　⑤2年の保証が付いている have a two-year warranty　⑥ポンコツ lemon　⑦客寄せ商品 attention-getter, 冷蔵庫 fridge

Track 53

① These ties're too flashy for me.

② These semiconductors're state of the art.

③ These condos're both good buys.

④ Those cars're gas-saving.

⑤ Those used computers have a two-year warranty.

⑥ Those cars're all lemons.

⑦ Those fridges're attention-getters.

ワンポイント情報

⑥ Those cars're all　Ⓐ lemons.
　　　　　　　　　　Ⓑ junkers.
　　　　　　　　　　Ⓒ a pile of crap.

ⒶⒷⒸいずれも非常によく使われている。詳細は「アメリカ英語ビジネス会話辞典」を参照されたい。

14. 名詞のくり返しを避ける it と one

(同一名詞の繰り返しを避けるために使われる it)

① 私はアキュラに乗っていますがリンカーンを買うために下取りに出さなければならないんです。

② 私たちは昨日コンサートに行きました。とても楽しかったです。

③ 私たちはミシガン湖畔にすばらしい別荘を持っていますが売らなければならないんです。

④ 私たちはテレビでボクシングの試合を見ました。とても面白かったです。

⑤ 通行人1：オカーノー旅行代理店はどこにありますか。
通行人2：あのクリーニング屋の前にあります。

ヒント

①下取りに出す **trade...in** ②楽しい **be enjoyable** ③ミシガン湖畔に **on Lake Michigan** ④試合 **match**, 面白い **be exciting** ⑤オカーノー旅行代理店 **O'Connor Travel Agency**, クリーニング屋 **cleaners**

Track 54

① I drive an Acura but I have to trade it in for a Lincoln.

② We went to a concert yesterday. It was really enjoyable.

③ We have a terrific vacation home on Lake Michigan but I have to sell it.

④ We saw the boxing match on TV. It was really exciting.

⑤ Passerby 1: Where's O'Connor Travel Agency?
Passerby 2: It's across from that cleaners.

ワンポイント情報

④ボクシング,サッカー,柔道のときは game は使えない。ラグビーとテニスのトーナメントのときは match と game 共に非常によく使われている。これら以外は game を使う。

⑤ It's Ⓐ across from that cleaners.
　　　 Ⓑ on the other side of the street from...
ⒶⒷ共非常によく使われている。詳細は「アメリカ英語日常会話辞典」を参照されたい。

異物の名詞の繰り返しを避けるために使われる one

① この上着は私には大きすぎるんです，だからもっと小さいのを見せて下さい。

② ジムはブルーのスーツを着ていました。スティーヴは茶色のスーツを着ていました。

③ 私の時計は動かないんです，だから新しいのを買わなければならないんです。

④ 彼はドイツのオートマ車に乗っています。私は日本のに乗っています。

⑤ ジムはイタリアのマニュアル車に乗っています。私は日本のに乗っています。

ヒント

① もっと小さい smaller ②着ている be wearing, be in ③動く work ④オートマ車 automatic ⑤マニュアル車 stick

Track 55

① This jacket's too big for me, so please show me a smaller one.

② Jim was wearing a blue suit. Steve was in a brown one.

③ My watch doesn't work, so I have to buy a new one.

④ He drives a German automatic. I drive a Japanese one.

⑤ Jim drives an Italian stick. I drive a Japanese one.

ワンポイント情報

② Jim Ⓐ was wearing a blue suit.
　　　Ⓑ had a blue suit on.
　　　Ⓒ was in a blue suit.
　ⒶⒷⒸいずれも非常によく使われている。詳細は「アメリカ英語日常会話辞典」を参照されたい。

⑤ I drive a Ⓐ stick (shift).
　　　　　　Ⓑ manual.
　Ⓑもときどき使われているが、Ⓐは非常によく使われている。

15. be going to ＋動詞の原形

> （1，2，3人称が「…でしょう」と述べる
> 主語＋be going to＋無意志動詞）

① 私は来月もっと忙しくなるでしょう。

② 私はたぶん道に迷うでしょう。

③ 私たちは飛行機に間に合うでしょう。

④ たぶんあなたはこの仕事に採用されるでしょう。

⑤ 彼女はいい上司になるでしょう。

⑥ 彼はあなたのことを怒っているんでしょう。

⑦ この株はまもなく暴落するでしょう。

ヒント

①もっと忙しくなる be busier ②道に迷う get lost ③間に合う get to... in time ④この仕事に採用される get this job ⑥…を怒っている be mad at ⑦暴落する take a nosedive

Track 56

① I'm going to be busier next month.

② I'm probably going to get lost.

③ We're going to get to the flight in time.

④ Maybe you're going to get this job.

⑤ She's going to be a good boss.

⑥ He's going to be mad at you.

⑦ This stock's going to take a nosedive soon.

ワンポイント情報

⑦ This stock's going to Ⓐ take a nose-dive soon.
　　　　　　　　　　　　Ⓑ nosedive soon.
　　　　　　　　　　　　Ⓒ plummet soon.

　ⒶⒷⒸいずれも非常によく使われている。詳細は「アメリカ英語ビジネス辞典」を参照されたい。

（1人称単数，複数が「予定です，つもりです」と述べる be going to ＋意志動詞）

①	私は来週自己破産を申請するつもりです。
②	私は東京の郊外に分譲マンションを買うつもりです。
③	私は XYZ 会社を訴えるつもりです。
④	私は来月転職するつもりです。
⑤	私たちは7番街の店を閉店するつもりです。
⑥	私たちは明後日オランダに発つ予定です。
⑦	私たちはこれを示談にするつもりです。

ヒント

①自己破産を申請する **file for Chapter 13**　②郊外 **suburbs**，分譲マンション **condo**　③訴える **take one to court**　④転職する **change jobs**　⑤7番街 **Seventh Avenue**，閉店する **close down**　⑥…に発つ **leave for**　⑦示談にする **settle... out of court**

🎵 Track 57

① I'm going to file for Chapter 13 next week.
② I'm going to buy a condo in the suburbs of Tokyo.
③ I'm going to take XYZ Company to court.
④ I'm going to change jobs next month.
⑤ We're going to close down the store on Seventh Avenue.
⑥ We're going to leave for Holland the day after tomorrow.
⑦ We're going to settle this out of court.

ワンポイント情報

③ I'm going to Ⓐ take XYZ Company to court.
　　　　　　　Ⓑ sue XYZ Company to court.
ⒶⒷ共非常によく使われている。

3人称単数が「予定です，つもりです」と述べる be going to ＋意志動詞

① 彼女は小型車を買うつもりです。

② 彼女は今日の午後立ち寄る予定です。

③ 彼はまもなく仕事を辞めるつもりです。

④ 彼は車を乗り換えるつもりです。

⑤ ジェフは分譲マンションを買うつもりです。

⑥ キャロルは今年の秋ブティックを開く予定です。

⑦ 父は土曜日オランダに発つ予定です。

ヒント

②立ち寄る come around　③仕事を辞める quit one's job
⑤分譲マンション condo　⑦…に発つ leave for

Track 58

① She's going to buy a small car.

② She's going to come around this afternoon.

③ He's going to quit his job soon.

④ He's going to change cars.

⑤ Jeff's going to buy a condo.

⑥ Carol's going to open a boutique this fall.

⑦ My father's going to leave for Holland Saturday.

ワンポイント情報

② She's going to Ⓐ come around this afternoon.
　　　　　　　　　Ⓑ come by this afternoon.
　　　　　　　　　Ⓒ drop by this afternoon.
　ⒶⒷⒸいずれも非常によく使われている。

16. 未来を表すときに使う will

(「私［私たち］は…します」と決定内容を述べる I'll ［We'll］＋意志動詞...)

①	私はあなたを昇進させます。
②	私はあなたを首にします。
③	私はサラダ付きのこのステーキを食べます。
④	私は夫と別れます。
⑤	私たちは30分かそこらであなたの事務所に立ち寄ります。
⑥	私たちは会合であなたを支持します。
⑦	私たちはあなたに融資します。

ヒント

①昇進させる promote ②首にする fire ④別れる leave
⑤30分かそこらで in half an hour or so, 立ち寄る stop by ⑥支持する stand behind ⑦融資する finance

Track 59

①	I'll promote you.
②	I'll fire you.
③	I'll have this steak with salad.
④	I'll leave my husband.
⑤	We'll stop by your office in half an hour or so.
⑥	We'll stand behind you at the meeting.
⑦	We'll finance you.

ワンポイント情報

⑥ We'll Ⓐ stand behind you at the meeting.
　　　　Ⓑ stand by you at the meeting.
　　　　Ⓒ stand up for you at the meeting.
　　　　Ⓓ support you at the meeting.
　ⒶⒷⒸⒹいずれも非常によく使われている。

(1，2，3人称が「…でしょう」 と述べる主語＋will＋無意志動詞)

① たぶん私は遅れるでしょう。

② 私たちはたぶん飛行機に乗り遅れるでしょう。

③ たぶんあなたは風邪をひくでしょう。

④ 彼はたぶん約束に間に合うでしょう。

⑤ 彼女はたぶん交通渋滞にあうでしょう。

⑥ トムはたぶん道に迷うでしょう。

⑦ 彼らはたぶん一時解雇されるでしょう。

ヒント

①遅れる be late ②飛行機に乗り遅れる miss the flight ③風邪をひく catch a cold ④約束に間に合う make the appointment ⑤交通渋滞にあう be caught in a traffic jam, たぶん most likely ⑥道に迷う get lost, たぶん Chances're ⑦一時解雇される be laid off, たぶん Odds're

Track 60

①	Maybe I'll be late.
②	We'll probably miss the flight.
③	Perhaps you'll catch a cold.
④	He'll probably make the appointment.
⑤	She'll most likely be caught in a traffic jam.
⑥	Chances're Tom'll get lost.
⑦	Odds're they'll be laid off.

ワンポイント情報

② ⒶWe'll probably [most likely] miss the flight.
　ⒷChances're [Maybe] we'll miss...
　ⒸOdds're [Perhaps] we'll miss...
　Ⓒはよく使われている。ⒶⒷは非常によく使われている。
　詳細は「アメリカ英語日常会話辞典」を参照されたい。

2，3人称が「…でしょう」と述べる will ＋無意志動詞

①	あなたはこの投資で大金を損するでしょう。
②	彼女はこのことを後で後悔するでしょう。
③	彼は飛行機に間に合うでしょう。
④	リンダは明日までに元気になるでしょう。
⑤	トムとデイヴィッドはこのことをすぐ忘れるでしょう。
⑥	XYZ 会社はたぶんこの取引を失うでしょう。
⑦	彼女たちはコンサートに間に合うでしょう。

ヒント

①投資 investment，損する lose ②後悔する be sorry ③飛行機に間に合う get on the flight ④元気になる be all right ⑥この取引を失う lose this deal ⑦間に合う be in time

Track 61

① You'll lose a lot of money in this investment.

② She'll be sorry about this later.

③ He'll get on the flight.

④ Linda'll be all right by tomorrow.

⑤ Tom and David'll soon forget about this.

⑥ XYZ Company'll probably lose this deal.

⑦ They'll be in time for the concert.

ワンポイント情報

③ He'll Ⓐ get on the flight.
　　　　Ⓑ get to the flight in time.
　　　　Ⓒ make the flight.
　　ⒶⒷⒸいずれも非常によく使われている。詳細は「アメリカ英語日常会話辞典」を参照されたい。

17. 役に立つ7つの助動詞の使い分け

> 許可を求めるときに使う
> Can I...?「…してもいいですか」

①	このノートパソコンを1週間かそこいら借りてもいいですか。
②	コピー機をお借りしてもいいですか。
③	暖房を弱くしてもいいですか。
④	今晩10時頃あなたにお電話してもいいですか。
⑤	明日の午後あなたの事務所に立ち寄ってもいいですか。
⑥	パーティーに彼を連れて行ってもいいですか。
⑦	水曜日に休みを取ってもいいですか。

ヒント

①ノートパソコン laptop, 1週間かそこいら for a week or so ②コピー機 copy machine ③弱くする turn down ⑤立ち寄る stop by ⑥連れて行く bring ⑦休みを取る take... off

① Can I borrow this laptop for a week or so?

② Can I use the copy machine?

③ Can I turn down the heat?

④ Can I call you around 10:00 tonight?

⑤ Can I stop by at your office tomorrow afternoon?

⑥ Can I bring him to the party?

⑦ Can I take Wednesday off?

ワンポイント情報

①の laptop（ノートパソコン）のように移動させて「借りる」ときは borrow.

②の copy machine（コピー機）のように移動させないで「借りる」ときは use.

「有料で借りる」Let's rent that car.（あの車を借りよう）もついでに覚えておこう。

推量するときに使う　must be「…でしょう」

① あなたは疲れているんでしょう。

② あなたは私のことを怒っているんでしょう。

③ 彼女は男性にもてるんでしょう。

④ 彼女は心が広いんでしょう。

⑤ 上司は今，外出しているんでしょう。

⑥ 彼の店はこの時間閉まっているんでしょう。

⑦ 車はこの時間混んでいるんでしょう。

ヒント

①疲れている be tired　②を怒っている be angry with　③にもてる be popular with　④心が広い be open-minded　⑤外出している be out　⑥閉まっている be closed　⑦車 traffic，混んでいる be heavy

Track 63

①	You must be tired.
②	You must be angry with me.
③	She must be popular with guys.
④	She must be open-minded.
⑤	The boss must be out right now.
⑥	His store must be closed at this hour.
⑦	The traffic must be heavy at this time.

ワンポイント情報

⑦ The traffic must be Ⓐ heavy at this time.
　　　　　　　　　　 Ⓑ bumper to bumper...
　　　　　　　　　　 Ⓒ bad...
　ⒶⒷⒸいずれも非常によく使われている。

133

推量するときに使う
might [may]＋動詞の原形「…かもしれません」

①	景気はまもなく上向くかもしれない。
②	うちの会社は倒産するかもしれない。
③	彼女は夫を捨てて別の男性に走るかもしれません。
④	彼らは首になるかもしれない。
⑤	あのアパートはもう決まっているのかもしれません。
⑥	あのレストランはもう混んでいるのかもしれません。
⑦	彼女はこの時間忙しいのかもしれません。

ヒント

①景気 economy，上向く pick up　②倒産する go under　③捨てて…に走る run around on　④首になる be fired　⑤もう by now，決まっている be taken　⑥混んでいる be crowded　⑦この時間 at this time

Track 64

① The economy might[may] pick up soon.

② Our company might[may] go under.

③ She might[may] run around on her husband with another guy.

④ They might[may] be fired.

⑤ That apartment might[may] be taken by now.

⑥ That restaurant might[may] be crowded by now.

⑦ She might[may] be busy at this time.

ワンポイント情報

⑤That apartment Ⓐ might[may] be taken[rented] by now.
　　　　　　　　 Ⓑ might[may] not be available...
　　　　　　　　 Ⓒ might[may] be occupied...

Ⓒはよく使われている。Ⓑは非常によく使われている。
Ⓐは1番よく使われている。

> 単に意見を述べるときに使う
> should＋動詞の原形「…すべきです」

① あなたは彼らに謝るべきです。

② あなたは彼に意見を言うべきです。

③ あなたはもっと論理的に話すべきです。

④ あなたはもっと運動するべきです。

⑤ あなたは毎日犬を散歩させるべきです。

⑥ あなたはもっと早く家を出るべきです。

⑦ あなたはもっと体重を減らすべきです。

ヒント

①謝る apologize　②意見 opinion　③論理的に logically
④運動する exercise　⑤散歩させる walk　⑥出る leave
⑦体重を減らす lose weight

Track 65

① You should apologize to them.

② You should tell him your opinion.

③ You should talk more logically.

④ You should exercise more.

⑤ You should walk your dog every day.

⑥ You should leave home earlier.

⑦ You should lose more weight.

ワンポイント情報

⑥ You should Ⓐ leave home earlier.
　　　　　　　Ⓑ leave the house earlier.
　ⒶⒷ共非常によく使われている。
⑦ You should Ⓐ lose more weight.
　　　　　　　Ⓑ slim down more.
　ⒶⒷ共非常によく使われている。

> （丁重に）依頼するときに使う
> Would [Could] you...?「…していただけますか」

① 私の話を最後まで聞いていただけますか。

② 私を割り込ませていただけますか。

③ 冷房を弱くしておいていただけますか。

④ 内線93番につないでいただけますか。

⑤ 駅まで私を車で送っていただけますか。

⑥ 私の保証人になっていただけますか。

⑦ スケジュールを調整していただけますか。

ヒント

①の話を最後まで聞く hear one out　②割り込ませる squeeze...in　③弱くしておく keep...on low　④内線 extension, つなぐ put one through　⑤車で送る take　⑥保証人になる cosign for　⑦調整する rearrange

Track 66

①	**Would you hear me out?**
②	**Would you squeeze me in?**
③	**Would you keep the air on low?**
④	**Would you put me through to extension 93?**
⑤	**Could you take me to the station?**
⑥	**Could you cosign for me?**
⑦	**Could you rearrange your schedule?**

ワンポイント情報

⑤ Could you Ⓐ take[drive] me to the station?
　　　　　　Ⓑ give me a ride[lift] to the station?
　　　　　　Ⓒ send me to the station?

Ⓒは使われていない。ⒶⒷ共非常によく使われている。
詳細は「アメリカ英語ビジネス会話辞典」を参照されたい。

解　説

> 1．have と has の使い分け

has：主語が3人称単数のときに使う。
have：1人称単数［複数］，2人称単数［複数］，3人称複数

覚え方：has は3人称単数，have は3人称単数のとき以外に使う。

(A) I have a car.
　　（私は車を持っています）
(B) We have two daughters.
　　（私たちには2人娘がいます）
(C) You have a good memory.
　　（あなたは記憶力がいいです）
(D) She has a lot of male assistants.
　　（彼女は大勢男性の部下を持っています）
(E) He has a lot suits.
　　（彼はたくさんスーツを持っています）
(F) They have a lot of children.
　　（2人には子供さんが大勢います）
(G) Our company has a lot of outlets.
　　（うちの会社はたくさん直販店を持っています）

2. Be動詞の使い分け

am：1人称単数に使う。I am... 省略形 I'm...
are：1人称複数, 2人称単数［複数］, 3人称複数に使う。We［You, They］are... 省略形 We're...
is：3人称単数に使う。She［He］is... 省略形 She's...

◎1人称, 2人称, 3人称とは何か

1人称とは話し手, つまり I（私は［が］）と We（私たちは［が］）, I は1人称単数で We は1人称複数。

2人称とは聞き手, つまり You がこれに相当し, You は2人称単数（あなたは［が］）と2人称複数（あなた方は［が］）の意味を持っている。

3人称は She, He だけであると思っている人が多い。しかし3人称は無限にある。つまり3人称とは話し手, 聞き手以外である。このことがよく分かっていない人が多いので詳しく説明しよう。

◎人称は場面により変わる

今, 筆者が教室で授業をして受講生たちに話している。筆者が話しているのだから「話し手」I で1人称単数。受講生たちは聞いているのだから「聞き手」で2人称複数。受講生を個別に考えれば2人称単数。この場面で筆者と受講生以外の人, 動物, 無生物はすべて3人称である。例えば筆者が受講生の1人の上司, 部下のことを話題にしたとしよう。いずれも話し手, 聞き手以外の人である。従って3人称単数になる。代名詞で表現すれば, She か He である。2人以上を言及すれば They（彼女たちは［が］, 彼らは［が］）である。

ここがポイント①

　授業をしている筆者のIは1人称単数で，聞いている受講生は2人称であった。しかし受講生が各自の会社へ行って筆者のことを話題にしたとしよう。1人称であった筆者はその場面では話し手でも聞き手でもないので，3人称単数になる。

　また教室で授業を受講していた受講生は会社で同僚たちと筆者のことを話すのであるから，聞き手から話し手に変る。従って教室ではYouで2人称であったが，会社で筆者のことを話すときはIに変わる。以上のように1人称，2人称，3人称は場面により変わる。

　無生物は口も耳もないので「話し手」にも「聞き手」にもならない。従っていつも3人称である。

　以上は筆者が長年，英語を教えた経験によると，受講生たちのはっきりしていない1点である。これで120％理解できたと思う。

ここがポイント②

　your mother（あなたのお母さん），your boss（あなたの上司）はyourにつられて2人称単数と誤解している人が大勢いるので注意されたい。以下に3人称の例を念のため列記するので，よく熟読されたい。

　Ⓐ your colleague（あなたの同僚）
　Ⓑ your secretary（あなたの秘書）
　Ⓒ your children（あなたの子供さんたち）
　Ⓓ your relatives（あなたの親戚たち）
　Ⓔ French（フランス語）　Ⓕ history（歴史）
　Ⓖ science and chemistry（科学と化学）

　ⒶⒷは3人称単数，sheかhe，ⒸⒹは3人称複数，they，ⒺⒻは無生物で3人称単数，it，Ⓖは無生物の複数で3人称

複数, they, they は場面により「彼女たちは［が］, 彼らは［が］, それら」の意味で使われていることを頭にしっかり入れられたい。

> ### 3. 2種類ある
> ### 現在形の疑問文の作り方

1 形容詞か名詞を従えるときは文頭に Be 動詞を置く。

(A) Are you happy?
   (あなたは幸せですか)
(B) Is she busy?
   (彼女は忙しいですか)
(C) Am I wrong?
   (私は間違っていますか)
(D) Are we late?
   (私たちは遅いですか)
(E) Are you a vet?
   (あなたは獣医ですか)
(F) Is she an actress?
   (彼女は女優ですか)
(G) Is he a surgeon?
   (彼は外科医ですか)
(H) Is she your boss?
   (彼女はあなたの上司ですか)
(I) Are they your assistants?
   (彼らはあなたの部下ですか)
(J) Are Tom and Bill government employees?
   (トムとビルは公務員ですか)

2 一般動詞を従えるときは文頭に Do か Does を置く。

(A) Do you work with them?

(あなたは彼らと一緒に働いているのですか)
(B) Does she come here every day?
(彼女は毎日ここに来るのですか)
(C) Does Linda drink?
(リンダはアルコールを飲むのですか)
(D) Do they live together?
(2人は一緒に住んでいるのですか)
(E) Do Bob and Ron speak Spanish?
(ボブとロンはスペイン語を話すのですか)

4．2種類ある現在形の否定文の作り方

否定文は次の2つの要領で作る。

1 一般動詞が続くとき don't か doesn't を使う。
(A) I don't work here.
(私はここで働いていません)
(B) Mary doesn't drive.
(メアリーは車を運転しません)
(C) They don't look down on him.
(彼女たちは彼を軽蔑していません)

2 一般動詞が続かないとき Be 動詞を否定形にする。
(A) I'm not busy in the afternoon.
(午後私は忙しくありません)
(B) You aren't right.
(あなたは正しくありません)
(C) Sally isn't beautiful.
(サリーは美しくありません)
(D) Bob isn't a handsome guy.

(ボブはハンサムな男性ではありません)
(E) They aren't college students.
(彼女たち［彼ら］は大学生ではありません)
［注意］Be 動詞は(A)(B)(C)のように形容詞か，(D)(E)のように名詞のみを従え，一般動詞を従えることはない。

5．3種類ある比較級の作り方

1 小さい形容詞には語尾に er を付ける。
　　cold（寒い）　colder,　　short（短い）　shorter
　　tall（高い）　taller
　　　　　　　　　2つの例外
(A)短母音＋子音で終わるものにはその最後の子音を重ねて er を付ける。
　　big（大きい）　bigger,　　hot（暑い）　hotter
(B)子音＋y で終わるものには y を i に変え er を付ける。
　　easy（やさしい）　easier
　　fancy（高級な）　fancier
　　pretty（きれいな）　prettier

2 2音節以上の語にはその語の前に more を付ける。
　　important（重要な）　more important
　　useful（役に立つ）　more useful

3 不規則に変化するものがあるが，本書の都合上 good, bad, many, much のみ学習する。
　　good（よい）　better,　　bad（悪い）　worse
　　many（たくさんの）　more
　　much（多量の）　more

6. How... ?の各種表現

1. 物,会社など年数を尋ねる How old... ?
   How old's this TV?
   (このテレビは買ってから何年になるのですか)

2. 数を尋ねるときの How many+複数名詞... ?
   How many pages does your new book have?
   (あなたの新しい本は何ページあるのですか)

3. 「どの位」と量,金額を尋ねる How much+不可算名詞... ?
   How much oil does Japan import from the Middle East?
   (日本は中東からどの位石油を輸入しているのですか)
   How much money do you spend on cosmetics?
   (あなたは化粧品にいくらお金を使っているのですか)

4. 時間と年数を尋ねるときの How long... ?
   How long do you practice the piano every day?
   (あなたは毎日どの位ピアノを練習するのですか)
   How long did you work for Chrysler?
   (あなたはどの位クライスラーに勤めたのですか)

7. Be 動詞の過去形

Be 動詞の過去形には次の2つがあり,次の要領で使い分けられている。

was：1人称単数，3人称単数
were：1人称複数，2人称単数［複数］，3人称複数

覚え方：1人称単数，3人称単数には was，それ以外には were を使う。

(A) I was hungry then.
（私はそのときお腹がすいていたんです）
(B) We were hungry then.
（私たちはそのときお腹がすいていたんです）
(C) You were hungry then.
（あなた［あなたたち］はそのときお腹がすいていたんです）
(D) She was hungry then.
（彼女はそのときお腹がすいていたんです）
(E) He was hungry then.
（彼はそのときお腹がすいていたんです）
(F) They were hungry then.
（彼女たちはそのときお腹がすいていたんです）

8．一般動詞の過去形

一般動詞は過去形の作り方の点から，規則動詞と不規則動詞の2種類に分けられる。

1 規則動詞には語尾に ed を付ける。

end → ended	enjoy → enjoyed
help → helped	visit → visited
wash → washed	watch → watched

注意

(A) 語尾が e で終わる語には ed ではなく d を付ける。
　　live → lived, practice → practiced
(B) 語尾が子音+y で終わる語には y を i に変えて ed を付ける。
　　study → studied

2 不規則動詞は build → built, buy → bought, drive → drove, fly → flew, lose → lost, sell → sold, tell → told,
また，cost, hurt, cut, quit, put のように無変化の動詞もある。

◎ 3種類ある過去形 ed の発音
(1) 動詞の語尾のつづりが t, d の後の [ed] は [id] と発音する。ended, visited
(2) 動詞の語尾の発音が f, k, p, s, ʃ, tʃ のとき，それに続く ed は [t] と発音する。laughed, asked, helped, passed, washed, watched
(3) 上の(1)(2)以外の動詞の ed は全部 [d] と発音する。

9．2種類ある過去の疑問文の作り方

1 形容詞か名詞を従えるときは Was[Were]...? を文頭に置く。
(A) Was she pretty?
　　(彼女はきれいでしたか)
(B) Was Linda's store busy?
　　(リンダの店は忙しかったのですか)
(C) Was San Francisco foggy?
　　(サンフランシスコは霧が深かったですか)

(D) Were you weak in math?
　　（あなたは数学が苦手だったのですか）
　(E) Were they poor before?
　　（彼らは以前貧しかったのですか）

② 一般動詞を従えるときは Did...?を文頭に置く。
　(A) Did you read today's paper?
　　（あなたは今日の新聞を読みましたか）
　(B) Did she go out?
　　（彼女は外出したんですか）
　(C) Did Bill speak to you?
　　（ビルはあなたに話しかけたのですか）
　(D) Did they go back to France?
　　（彼らはフランスへ帰ったのですか）

10. 2種類ある過去の否定文の作り方

① 形容詞か名詞を従えるときは wasn't[weren't]を使う。
　使い分け：wasn't は主語が1人称単数と3人称単数のとき，weren't は主語が1, 3人称単数以外のとき。
　(A) I wasn't thirsty then.
　　（私はそのときのどが渇いていなかったんです）
　(B) I wasn't their boss last year.
　　（私は去年彼らの上司ではありませんでした）
　(C) We weren't hungry then.
　　（私たちはそのとき空腹ではなかったんです）
　(D) We weren't his assistants until last year.
　　（私たちは去年まで彼の部下ではなかったんです）
　(E) You weren't polite to me yesterday.
　　（あなたは昨日私に礼儀正しくなかったんです）

(F) Greg wasn't kind to us.
   (グレッグは私たちに親切ではありませんでした)
(G) He wasn't our boss last year.
   (彼は去年私たちの上司ではありませんでした)
(H) Tim and Jim weren't nice to us.
   (ティムとジムは私たちに感じがよくありませんでした)
(I) They weren't angry with you.
   (彼女たちはあなたのことを怒っていませんでした)

2 動詞を従えるとき主語に関係なく didn't を使う。
(A) I didn't see anybody on the way here.
   (私はここへ来る途中誰にも会いませんでした)
(B) We didn't support his proposal.
   (私たちは彼の提案を支持しませんでした)
(C) You didn't call me last night. What happened?
   (あなたは昨夜私に電話をかけてきませんでしたね。何があったのですか)
(D) Brian didn't go there with me.
   (ブライアンは私と一緒にそこへ行きませんでした)
(E) They didn't believe me.
   (彼女たちは私を信じてくれなかったんです)

11. 現在進行形と過去進行形

◎現在進行形の公式：am[is, are]＋動詞の原形＋ing
訳：「…しているところです，…しています」

(A) (On the phone) I'm watching TV now.
   (電話で)(私は今テレビを見ているところです)

(B) (On the phone) We're preparing for the Christmas party now.
(電話で)(私たちは今クリスマスパーティーの準備をしているところです)
(C) He's cleaning the yard.
(彼は庭を掃除しています)
(D) What're they drinking?
(彼女たちは何を飲んでいるのですか)

◎過去進行形の公式：was[were]＋動詞の原形＋ing
訳：「…していました，…しているところでした」
(A) I was watching TV around 7:00.
(私は7時頃テレビを見ていました)
(B) We were preparing for the Christmas party around 5:00.
(私たちは5時頃クリスマスパーティーの準備をしていました)
(C) He was cleaning the yard this afternoon.
(彼は今日の午後庭を掃除していました)
(D) What were they drinking?
(彼女たちは何を飲んでいましたか)

12. 特定な人，ものが「います」「あります」と述べるときのBe動詞

He's a nice guy.(彼はいい人です)，I'm a bank employee.(私は銀行員です)，You're a good speaker.(あなたは演説が上手です)の中で使われているbe動詞，is, am, areはいずれも「…です」の意味。これを知らない人は本書の読者にはいないであろう。しかし，このbe動詞に「います」「あります」の意味となると筆者の長年の指導

経験によれば会話で自由自在に使いこなせている人が少ない。例を挙げるのでここでしっかりインプットしよう。

I'm at Tokyo Station now.
(私は今東京駅にいるんです)
We're in front of Macy's now.
(私たちは今メイシーの正面にいます)
Linda's in the office right now.
(リンダは今事務所にいます)
He's in America now.
(彼は今アメリカにいます)
They're in Germany now.
(彼女たちは今ドイツにいます)

13. 代名詞と形容詞の働きをする This の複数形の These... と That の複数形の Those...

① 代名詞としての These[Those]
  (A) These are yours.
    (これらはあなたのものです)
  (B) These're theirs.
    (これらは彼女たちのものです)
  (C) Those are ours.
    (あれらは私たちのものです)
  (D) Those're hers.
    (あれらは彼女のものです)

② 形容詞としての These[Those]
  (A) These books are his.
    (これらの本は彼のものです)
  (B) These dresses're Linda's.

(これらのドレスはリンダのものです)
(C) Those books are hers.
(あれらの本は彼女のものです)
(D) Those suits're Bill's.
(あれらのスーツはビルのものです)

14. 名詞の繰り返しを避ける
it と one

1 同一名詞の繰り返しを避ける働きをする it
 (A) Wife:Where's my purse?
 (妻：私のハンドバッグはどこにあるの)
 Husband:It's right in front of your eyes.
 (夫：目の前にありますよ)
 (B) A:I own a parking garage.
 (A：私は駐車ビルを持っているんです)
 B: Is it near here?
 (B：この近くにですか)

2 異物の名詞の繰り返しを避ける働きをする one
 (A) I have a lot of dresses but I don't have a purple one.
 (私はたくさんドレスを持っていますが紫色のドレスは持っていません)
 (B) Which're you going to buy, a German car or an Italian one?.
 (あなたはドイツの車とイタリアの車のどちらを買うつもりですか)

15. be going to＋動詞の原形

be going to＋動詞の原形は意志動詞，無意志動詞のどちらが続くかにより意味が異なる。

1 be going to＋無意志動詞
  訳：「…でしょう」
2 be going to＋意志動詞
  訳：Ⓐ「…します」 Ⓑ「…する予定です」
    Ⓒ「…するつもりです」 Ⓓ「…する計画です」

注意すべき3点

(1) be going to＋意志動詞の2はⒶⒷⒸⒹの訳し方があるが意味は同じで表現の問題である。
  be going to＋意志動詞は1年先のような遠い未来の予定にも，また目前の予定のどちらにも使われている。

〈遠い未来の予定〉 I'm going to open a deli next year.
  （私は来年デリカショップを開く予定です）
  We're going to buy a condo in the future.
  （私たちは将来分譲マンションを買う予定です）
〈目前の予定〉 We're going to get off at the next station.
  （私たちは次の駅で降りる予定です）
  He's going to come to Japan tonight.
  （彼は今晩日本に来る予定です）

(2) be going to＋無意志動詞のときは will に置き換えられる。しかし何かが起こる兆候（例えば雲が出てきて空が暗くなってきた）が見えるときは be going to のほうが

よく使われる。
It's going to snow tomorrow.＝It'll snow tomorrow.
(明日は雪が降るでしょう)
This stock's going to drop soon.
(この株はまもなく下がるでしょう)

(3) be going to＋場所のときは動詞 go の現在進行形。
I'm going to his office now.
(私は今彼の事務所へ行くところです)
We're going to San Francisco now.
(私たちは今サンフランシスコへ行くところです)

16. 未来を表すときに使う will

will は意志動詞，無意志動詞のどちらを従えるかで，意味が下記のように異なるのでここでしっかりインプットしよう。

◎肯定文中の will

本書の性質上，下記の型のみ学習する。

I will＋意志動詞	…します	〈意志未来〉
We will＋意志動詞		〈意志未来〉
I will＋無意志動詞	…でしょう	〈単純未来〉
We will＋無意志動詞		
You will＋無意志動詞		
3人称＋無意志動詞		

(A) I'll leave for Chicago tomorrow.〈意志未来〉
(私は明日シカゴへ発ちます)
(B) We'll leave for Chicago tomorrow.〈意志未来〉

(私たちは明日シカゴへ発ちます)
Ⓒ I'll fail the test. 〈単純未来〉
(私はテストに失敗するでしょう)
Ⓓ You'll fail the test. 〈単純未来〉
(あなたはテストに失敗するでしょう)
Ⓔ Maybe he'll leave for Chicago tomorrow. 〈単純未来〉
(たぶん彼は明日シカゴへ発つでしょう)
Ⓕ She'll fail the test. 〈単純未来〉
(彼女はテストに失敗するでしょう)
Ⓖ They'll fail the test. 〈単純未来〉
(彼らはテストに失敗するでしょう)

17. 役に立つ7つの助動詞の使い分け

1 許可を求める Can I+動詞の原形...?
(私は…してもいいですか)
Ⓐ Can I borrow your car?
Ⓑ May I borrow your car?
(あなたの車を借りてもいいですか)
Ⓑは少し改まった調子で述べるときに使われる。本書ではⒶのみ学習しよう。

2 推量するときに使う 主語+must+be...
(…でしょう)
Ⓐ She must be a good teacher.
Ⓑ She has to be a good teacher.
Ⓒ I'm sure she's a good teacher.
(彼女は教え方が上手なんでしょう)
ⒶⒷⒸいずれも非常によく使われている。本書ではⒶのみ学習する。

［注意］good teacher は「教え方が上手」，nice teacher は人柄で「いい先生」であることに注意。

3 推量するときに使う　主語＋might＋動詞の原形
（かもしれません）
Ⓐ It might rain this afternoon.
Ⓑ It may rain this afternoon.
（今日の午後は雨が降るかもしれません）
Ⓑもよく使われているがⒶのほうがよく使われている。意味上の違いは全くない。

4 推量するときに使う　主語＋may＋動詞の原形
（かもしれません）
Ⓐ She may be confident of it.
Ⓑ She might be confident of it.
（彼女はそれに自信があるのかもしれません）
Ⓐもよく使われているがⒷのほうがよく使われている。意味上の違いは全くない。

5 単に意見を述べるときに使う　should＋動詞の原形
（…すべきです，…するといいです）
Ⓐ You should tell him everything.
Ⓑ You ought to tell him everything.
（あなたは彼にすべてを話すべきです）
Ⓑはときどき使われている。Ⓐは非常によく使われている。

6 依頼するときに使う　Would you＋動詞の原形...？
（…していただけますか）
Ⓐ Would you close the door?
Ⓑ Will you close the door?

Ⓒ Wouldn't you close the door?
Ⓓ Won't you close the door?
　（ドアを閉めていただけますか）
ⒸⒹが多くの本に出ているがほとんど使われていないので覚えないこと。ⒶⒷ共よく使われているがⒶのほうが丁重に聞こえる。

7 丁重な依頼をするときに使う　Could　you＋動詞の原形...?
　（…していただけますか）
Ⓐ Could you lend me $200?
Ⓑ Would you mind lending me $200?
　（200ドル貸していただけますか）
ⒶⒷ共非常によく使われている。

発想から英語モードへスイッチオン！

2005年2月25日　1刷

著　者　　市橋敬三
　　　　　©Keizō Ichihashi, 2005
発行者　　南雲一範
発行所　　株式会社 **南雲堂**
　　　　　東京都新宿区山吹町361（〒162-0801）
　　　　　電　話 (03) 3268-2384（営業部）
　　　　　　　　 (03) 3268-2387（編集部）
　　　　　FAX　 (03) 3260-5425（営業部）
　　　　　振替口座　00160-0-46863
印刷所／図書印刷　　製本所／松村製本所

E-mail　nanundo@post.email.ne.jp
　　　　http：//www.mmjp.or.jp/nanun-do
Printed in Japan　　〈検印省略〉
乱丁、落丁本はご面倒ですが小社通販係宛ご送付ください。
送料小社負担にてお取替えいたします。

ISBN4-523-26444-9　　　C0082 〈1-444〉

市橋敬三著

アメリカ英語ビジネス会話辞典

A5判　定価　2730円（本体2600円）

世界標準語に認知されたアメリカ英語を中心に
今アメリカで使用されている表現であるにもかかわらず、
日本の辞典に収録されていない表現を紹介した初の辞典。
TOEILテスト、TOEFLテストにも有効な表現を満載！

アメリカ英語日常会話辞典

A5判　定価　2625円（本体2500円）

本場アメリカで使用されているにもかかわらず
日本の辞典に収録されていない日常会話表現を
豊富に収めたユニークな辞典。

TOEIC®テスト 700点突破大作戦

A5判　定価　1890円（本体1800円）

TOEICテストに出そうな表現を
耳からインプットすることでリスニングに有効。

CD付